U0852583

教语文

12位小学名师的成长故事

薛炳群 —————— 著

中国人民大学出版社
·北京·

目 录
CONTENTS

序 教语文，你幸福吗 / 001

韩兴娥：坚持推广课内海量阅读

在海量阅读之路上求索 / 006
课内海量阅读简单易行 / 014

于秋婷：用童心发现语文

课堂研究：让儿童站在中央 / 022
整本书阅读：用童心发现美好 / 027
四季课程：让童心自由飞扬 / 034

张丽：追梦路上的识字情缘

课堂上学习方法——识字教学的中心点 / 041
生活中巩固拓展——识字教学的延伸点 / 045
活动中激发兴趣——识字教学的支撑点 / 052

陈鸿：相遇在春天

童书，唤醒生命 / 060
学习，源于兴趣 / 065
教学，成于智慧 / 068

张云杰：专注的力量

就这样与“三原色”结缘 / 078
和学生一起聆听语言之美 / 079
不做“指挥学生头脑的手”/ 081
简约的课堂散发着浓烈的语文味儿 / 085

付晓萌：从学科教学到学科教育

站稳儿童立场，营造有爱家园 / 090
构建“五自”课堂，实施自主教育 / 094
引入教育戏剧，搭建展示舞台 / 097
融合无界教育，叙事丰盈生命 / 100
阅读中外经典，书香润泽童年 / 103
巧用对话评价，架筑心灵桥梁 / 105

张天香：天生为教育

从“传统语文”到“说语文”/ 110
从“学科教学”到“超学科主题”课程 / 117
从传统教室到“云资源”教室 / 121

李洪芹：放歌心灵

在迷茫中艰涩前行 / 126
踏上了习作之旅 / 127
坚守心灵深处的蜕变 / 140
一路同行的惊喜 / 140

袁丽：戏剧点燃精彩

做别人眼中不可思议的事 / 144

大家一起来演戏 / 152

戏里戏外皆精彩 / 155

李凤君：恪守初心，执着坚守

以身示范，坚守课堂 / 162

成立学科教研团队，坚持教学研究 / 164

耿艳丽：美丽的花婆婆

爱上组诗 / 174

海量创诗 / 177

生活即诗 / 179

节日融诗 / 183

童书练诗 / 186

绘本化诗 / 191

孙云霄：复调悠扬

复调初成 / 196

复调咏叹 / 200

复调吟哦 / 204

复调悠悠 / 208

教语文，你幸福吗

在课堂上发现老师，引领老师专业成长是我的一项主要工作，如何让每一位老师享受职业的幸福，是我最关心的话题之一。

“教语文，你幸福吗？”每到一所学校，我都喜欢问老师们这样的问题。被问者一般会默默地笑笑，很少有人正面做答。我发现，很多老师并不幸福，从他们紧锁的眉头、匆匆而沉重的脚步可以看出来。为什么大多数老师很认真、很努力，却享受不到做老师的幸福？我想，原因很多，比如对教育的认识不清晰，比如受到教育体制的制约，将力气用错了地方，就没有了幸福可言，甚至心生倦怠。我很心疼这些老师，因为我相信他们原本可以成为学生的良师益友，可以成为幸福的老师。

老师的幸福感来自哪里？我想，很大一部分来自职业幸福感。那么，怎样才能提升老师的职业幸福感？我想，身边典型的引领或许是最好的方法之一。

我仔细回味身边优秀小学语文老师的成长，一开始他们也如路边的小花，默默无闻，可一旦他们发现了自己的价值，就会超越现实的限制，在自己的课堂上展现出真善美的东西。他们开始做真正的自己，执着而坚忍，阳光而厚实，慢慢地，专注的他们成为了最好的自己。

十年前，韩兴娥老师是一个很不起眼儿的老师。她不善于交际，更不善于上公开课，就是凭着一股对语文教学的倔劲，十余年执着探索，她总结出了一般老师都能操作的“课内海量阅读”教学法。她的教学法影响了繁华如北上广、偏远至乡村的一位位老师，引发了强烈的“洼地效应”。很多老师慕名而来，拜师学艺。

陈鸿老师领着学生一起读书，倡导家长一起参与，组织了爱心读书俱乐部，创建了“书香乐苑”特色班级，把班级共读的图书漂移到学校的所有班级。她把每一件小事都做精彩。2017 年，她被评为特级教师，成为了最好的自己。

袁丽老师把课文改编成课本剧，把整本书阅读搬上舞台，开创读者剧场、创意语文戏剧，做了别人觉得不可思议的事。看到她的学生个个是导演，人人能演剧，大家都说，她就是一个传奇。

张天香老师创建了自己的“云资源”教室，探索、研发了“超学科主题”课程，众多的资源为学生开辟了广阔的学习空间，使学习方式发生了革命性的变革。

于秋婷老师的成长故事和她的研究一样，是一个美丽的童话。她挽着孩子稚嫩的手臂，在生命的四季中高歌欢唱。

还有李凤君老师、张丽老师、付晓萌老师、张云杰老师、李洪芹老师、耿艳丽老师、孙云霄老师，他们也和学生一起幸福地耕耘着，演绎着他们的精彩语文教育人生。

本书中 12 个故事主人公的成长并不是一帆风顺的，但他们没有止步于挫折、徘徊于困顿。他们的内心有一种强大的力量 —— 要做最好的自己。正是这样的力量生长出了这 12 个有意思、有意义的成长故事。

期待这本书中的每一个故事，都化作一种成长的力量，由一位位读者传递出去，撒播开来！

希望这本书的每一位读者，都能唤醒沉睡在自己内心深处的美好，产生“我也可以”的信心！

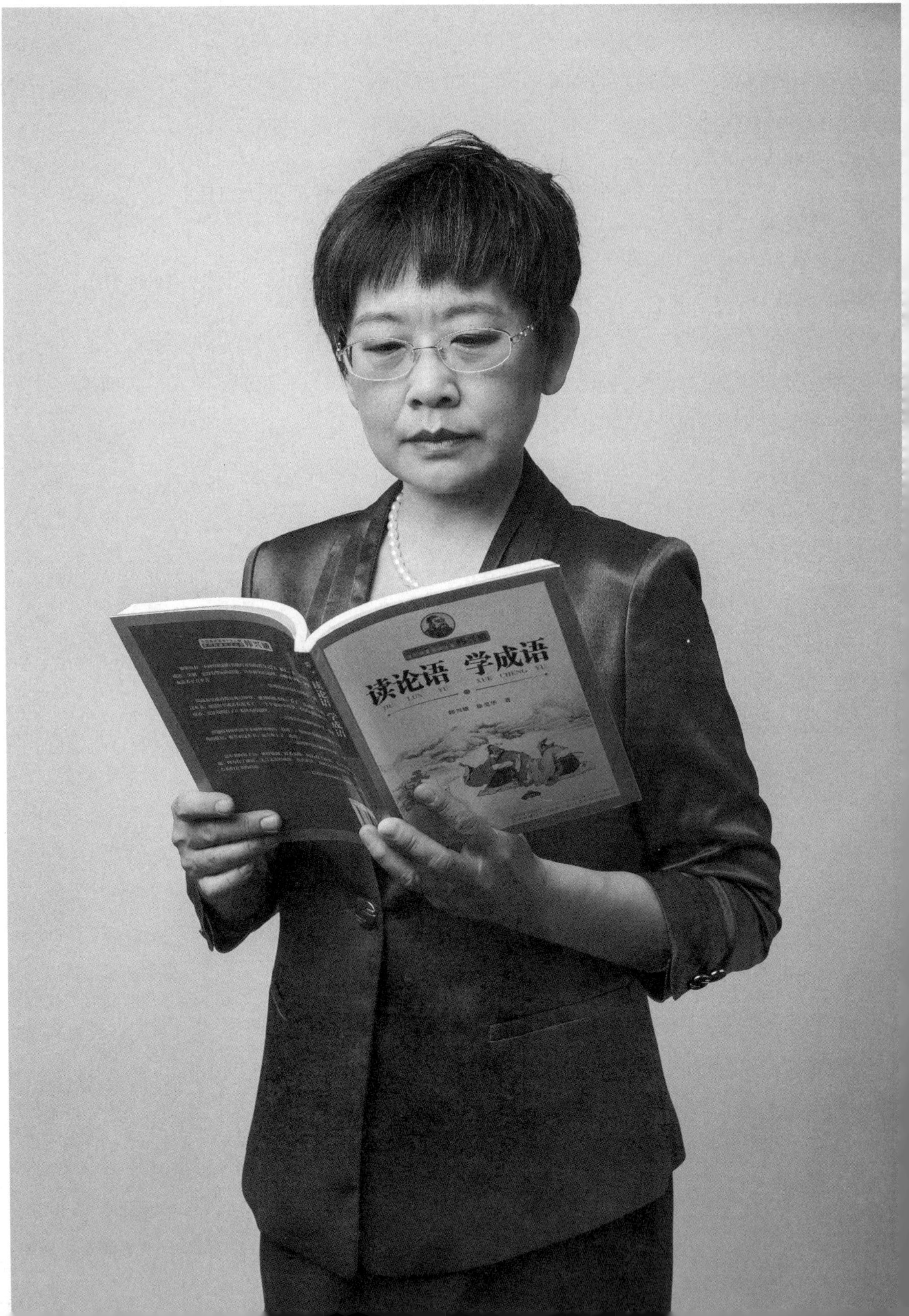
读论语 学成语
DU LUN YU XUE CHENG YU

坚持推广课内海量阅读

韩兴娥

人·物·印·象

韩兴娥，山东省潍坊北海学校语文教师，齐鲁名师，『课内海量阅读』教学创始人，《中国教育报》二〇一〇年度推动读书十大人物。

她凭着一股对语文教学的倔劲，十余载执着探索，总结出了一般老师都能操作的『课内海量阅读』教学法。她的思想吸引了繁华如北上广、偏远至乡村的一位位老师，引发了强烈的『洼地效应』。

自新课程实施以来，广大教师的课堂教学行为和学生的学习方式发生了很大变化。韩兴娥老师大胆进行教学实践，取得了显著的教学效果。

学生时代的韩兴娥从阅读书摊上的小人书开始爱上读书，从而一生痴迷于此。后来当了老师，她发现在教研活动中老师们经常研究怎么引导学生读书，经常研讨各种各样的读书方法，就不由自主地抗拒："读书的方法是自己在阅读中体会出来的，而不是教会的。我上小学时一天读三四百页书，完全不是老师教的，而是故事的内容在吸引我快速地阅读。"因此，韩兴娥老师努力研究如何让学生在海量阅读中大量识字。她认为，在一、二年级，只要学生的识字量够了，阅读能力提高了，他们自然而然地就会热爱阅读。

在海量阅读之路上求索

// 一本课本独霸课堂，探寻海量阅读

1987年，十八岁的韩兴娥成了某实验小学的老师。她的第一批学生对新老师的新鲜感很快就消失了，他们面对和颜悦色的新老师，开始叽叽喳喳地说个不停。不知何时，她忍不住大喝一声，学生立马安静下来。从此，她初为人师的兴奋变成了巨大的沮丧，那些孩子似乎永远没有安静下来的时候，除非是讲故事，或者是让他们从家里带课外书来交换着读。但那是不务正业呀，那些书里的内容是考试不考的呀，读那本翻烂了的课本才是正事啊。语文课本，明明是一本好书，却因为反复读、反复教，惹得学生生厌。读生字、解释词语、讲解段落大意、总结主题思想，翻来覆去总是那一套。最让人头疼的是，学生不但要把老师写在黑板上的主题思想一字不差地照抄下来，还要

一遍一遍地读，一遍一遍地背。在学生时代，韩兴娥就已经非常痛恨反复咀嚼一本课本。当了老师以后，其厌烦课本之情就更深切了。因为全班学生都烦，所以韩老师得天天逼着他们读课本。最让人烦心的是，考试前一段时间，要拿出课本反复揣测考试内容。有一次考试前，韩老师煞费苦心地找出一个段落，让学生分段、记段意。等拿到试卷一看，上面果然有这一段的分析，她喜不自禁。谁能料到，她与学生分析时将之划分为三段，而标准答案则划分为两段，大部分学生的答案自然与标准答案不同，结果可想而知。当时，她感到这语文课没法儿教了：学了多少遍、考了多少次的课本，到底应该怎么教、怎么学？天天啃语文课本的日子真让人烦透了！每当看到学生厌烦的神态时，她都感觉身心疲惫，搞不清自己究竟是在教育学生还是在摧残学生。

初为人师的烦恼还来自那些与教学无关的事情：检查、考核、评比、活动……有永远写不完的总结，有永远搞不完的活动，有永远听不完的领导讲话……大家还忙着写论文，忙着制作投影片，忙着讲公开课……而她是那么不合时宜，觉得光对付日常教学就已经心有余而力不足了，哪有时间去干那些华而不实的事。于是当大家拿到一张张获奖证书的时候，只有她两手空空，依然执着地把精力用到寻找可以让师生都愉悦的学习方式上，期望构建学生向往的课堂，渴望能从艰辛、烦琐的工作中抽出身来，看看自己喜欢的书。可令人泄气的现实摆在眼前，看着学生对语文学习“欲说还愁”，读着学生那味同嚼蜡的作文，她被一种难以名状的苦恼纠缠着：路在何方？

要改变这样的现状，困难重重！但她心想，尝试一下总比维持现状好，做总比不做强。于是，她鼓励学生完成作业后看课外书，建立班级图书角。看到学生痴迷于读课外书的样子，韩老师期盼着和学生畅游书海的日子早日到来。

然而，课本敢扔吗？考试能对付吗？如果让学生共读他们喜欢的书，而学生手中的书又不一样，那么怎么共读？

// 两套教材齐步走，初涉海量阅读

2000年，潍坊市潍城区教研室在部分学校的一年级进行“韵语识字”实验。当诸多实验老师被试卷牵着鼻子回到教一本课本的老路上时，韩老师依然咬着牙教“韵语识字”教材，只有快到期末考试时才匆匆教一下人教版语文课本。

一年级其他班的语文老师都是高手，平日的教学非常扎实。一年级下学期期末考试，韩老师任教的班级语文平均分倒数第一，跟其他两个班相差2分，这是她任教以来最差的考试成绩。虽然校长在全体教师会上说“别看小韩老师教的班考试成绩比二班、三班低一点儿，二班、三班的学生想认识一班学生多学的那600个字是很困难的”，但韩老师心里无限郁闷！“韵语识字”教材一年级的识字量是1500个，天天摸爬滚打，好不容易完成任务，但因为考试要考的那本课本没学扎实而造成全班考试成绩差，韩老师的心情能好吗？

幸好，二年级下学期的期末考试题很少有选自课本、需要死记硬背的内容，韩老师班上成绩优秀学生的数量超过了其他两个班的总和。还有一次，全区抽考二年级，韩老师和两位同事所带的班级语文成绩全区第一。当时“课内海量阅读”的提法还没有形成，但在课堂上共读两套教材不会影响考试成绩的观念已经初步得到大家的认可，这也安抚了韩老师那颗热爱阅读的心。

三年级时，她班里学生的语文考试成绩全部是优秀。学生朗读时个个发音标准、声音洪亮、感情充沛，最让她欣喜的是学生的作文写得很有灵气。她发现，这样一种简单的教学方式收效竟然如此之大。一、二年级时的辛苦终于换得柳暗花明。在由一套教材的教学转变为两套教材的教学后，韩老师再次挣脱束缚，她到处搜罗报纸、杂志、

图书和学生在课堂上共读，她认识到，增加课内共读内容会使她的学生与众不同。

从此，她坚定了课内海量阅读的做法，辛勤付出，无怨无悔。几年后，靠着丰厚的积累、卓越的成效，课内海量阅读在全国引起了强烈的反响。

2000 — 2007 年，韩老师所在的青年路小学学生家长给予了她很大的支持。那些家长大多是下岗工人和小商贩，他们没有时间，更没有能力辅导孩子，但他们认为老师的话都是正确的，对老师那尚处在摸索阶段、不成熟的教法毫无异议，只要老师不要求他们辅导孩子学习就行。这些家长给了韩老师一段自由“折腾”的时光。

// 课内海量阅读显威力，扬帆远航

2007 年，韩老师被调到新建的潍坊北海学校，再次从一年级教起。虽然之前教过的学生到三年级之后表现优异，但他们在低年级时识字的辛苦、烦恼还历历在目。韩老师审视自己的从教之路，认识到，妄图通过读一套或两套教材达到大量识字的目的，既无趣又艰辛，因而改变了做法，从一年级入学开始就进行课内海量阅读，而不纠缠于学生是否认识文本中的生字，只要保证课堂上他们都跟着朗读就可以了。有的学生上学一天、两天，甚至十天、二十天都没认会一个生字，也不必着急。只要跟上海量阅读，少则半年，多则一年，学生就都能认识两千个常用汉字。

识字教学一向是语文教学的瓶颈，韩老师在苦苦找寻一个办法，使识字阶段的文本内容与儿童的认知兴趣统一起来，尽快让儿童认识一千个常用汉字，使他们在较短时间内形成较强的阅读能力，从而轻松地进入自由阅读的广阔天地，把他们从枯燥乏味的识字过程中解放出来。

课文读熟了，韩老师就不再让学生反复复习。一个学期把学生“绑缚”在一本课本上，会使他们讨厌课本，甚至由讨厌课本而讨厌其他书。没有一个人爱吃剩饭，也没有一个学生乐于用半年的光阴读一本课本。如果一年级学生因为乏味的识字过程而形成“读书没有任何乐趣”的印象，那么，他们也许永远都不愿意读李白、杜甫、普希金……于是，韩老师把那些幽默、有趣、引人入胜、贴近孩子生活、有益于增长知识的读本提供给学生，把那些简短的、图文并茂的儿歌摆在学生面前，把识字的过程纳入更加广泛、更加丰富、更加生动有趣的认知活动中。于是，2007 年秋天，课内海量阅读在一年级拉开了序幕。

卸掉了班主任这个重担，有了空闲时间，也为了说服北海学校那些高学历的家长相信海量阅读的作用，韩老师天天在博客上写文章。2007 — 2013 年，是韩老师的“课内海量阅读”教学方法逐渐成熟的六年，是它和统治教坛数十年的“扎扎实实教课本”的常规理念不断碰撞的六年。那些家长对孩子学习成绩的要求很高，他们不断质疑海量阅读是不是增加了孩子的课业负担，会不会造成孩子学得不扎实。这使韩老师不断反思、改进自己的教学方法，逐渐形成使每个学生都成功的“星级达标”方法。

海量阅读听起来似乎很轻松，但对韩老师来说，却是一个艰辛的探索过程，需要全身心投入。要思考如何对待教材，如何让一年级学生过拼音关、识字关，如何处理作文教学，如何应对考试，如何选择适合学生的读物，如何引导学生大量阅读，等等，这些都不是轻松的事情。

在节假日、周末，别的教师可以外出休闲旅游，享受生活的美好，而韩老师则忙着备课和准备教学资料。为了让学生在有限的课堂时间里掌握丰富的知识，韩老师下足了功夫，一一梳理大量的教学材料：把近千首儿歌一首首敲下来印发给学生；把几百首唐诗宋词一一做成课件；凡是适合课堂共读的书，能买到的她都想办法买到，她曾把书店里《论语》《道德经》的所有版本都买回来和学生阅读、讨论，至于不好买的书，她就敲成电子版的。她就如同一个热恋的少女，课堂是她的恋人，她的爱炽热而持久。

韩老师经常说，中国有浩瀚的文化，那么多书只陈列在图书室的书架上真是太可惜了，于是她开始把图书室的书拿到课堂上去教。当看到这些书只能拓宽学生的知识面，而不能很好地引领学生自学时，她又开始编写海量阅读教材，如《读历史学成语》《读论语学成语》等，每一本教材都凝结着她的辛劳与滚烫的热情！为了让学生学得轻松，她反复修改编写体例，不断调整编排次序；为了让学生更高效地掌握知识，她把文言和白话编在一起，并进行系统的梳理；为了确保文言知识准确无误，她一一查阅典籍进行校对，小到拼音、注解、标点的选用，大到背景知识的介绍，她都要反复思量；为了让学生获得高品位的阅读，她还不厌其烦地反复锤炼、润色语言……有时一坐就是一天，甚至大年初一，她都在忙着备课。多少年来，烦琐、艰辛而浩大的工作成了她课余生活的全部内容，而她却乐此不疲。课内海量阅读实验让鱼和熊掌兼得的美事落在了学生身上，以至于她的班上没有一个学困生。看到学生的阅读兴趣越来越浓厚、知识越来越丰富，看到学生表现出较强的自学能力、民主意识和求知欲望，她高兴得像个天真的孩子！

习惯了常态课堂教学的教师往往感到困惑：这么多读本进入课堂，怎么教？它们的内容如何统一？教学主线如何突出？常规课上起承转合的各个环节如何衔接？

听过韩老师的课后，你就会发现原来去掉那些牵引技巧，学生自会主动投入读本中去；没有那些衔接和过渡，学生并不觉得突兀。韩老师的做法是：一篇文章读熟了，问一两个问题，接着读下一篇。她的课上使用得最多的招数就是“读”：全班读、听录音读、跟读、分小组读、个人表演读、接力读……读得滚瓜烂熟之后，就找有价值的片段或语句试着背一背，背诵的方式无非是接力背、小组背、个人背……

有老师统计过，韩老师在一节课上能让学生有声朗读达到三十几次，各种文字的朗读总量达到一万多字。同样一节课，她的学生为什么能读这么多内容？他们为什么可以自始至终保持盎然的兴致？

因为阅读大量文章令学生有新奇感，使他们的好奇心得到满足；而教师不再烦琐地解说，而把时间让给学生，使学生在课堂上始终有活儿干。各种读书形式唤起了学生的好胜心，每一个人都被别人关注着，也始终关注着别人。这种看起来简单而没有技法的读书形式，其实暗合了这样的课堂理念：让学生享受课堂，把课堂时间还给学生，给学生足够的文字营养。多年来，韩老师就凭着这一简单的做法，让她的学生通读了大量的书。一本教材两周上完，让大量课外书成为课内读物的想法不再是奢望。

自言对公开课望而生畏的韩老师，其实一直在上公开课，只不过，一般公开课上那种只讲一篇短文或一首小诗的做法被她所摒弃。她说自己没有上那种公开课的大智慧。没有深钻一篇课文之大智慧的韩老师却让学生在各种读本中游刃有余，获利百倍。

由于过度劳累，2011 年春天，韩老师失声了。说不出话来，这对一位教师来说是致命的打击，同事们都劝她回家养病，但她却想都不想一直坚守在学生身旁。她想，虽然嗓子只能发出微弱的声音，且不能多说，但教学不能中断，学生的课业不能落下，于是她千方百计地找录音、找视频，让学生当小老师。对于智者来说，上苍给他关上一扇门，他总能自己觅得一帘明媚的阳光。数年失声的日子，痛苦而漫长，而韩老师将挫折化作动力，找到了学生自己进行海量阅读的思路和操作方法。

// 以立己之心立人，享受教育

2007级学生升入中学后表现突出，尤其是当年的学困生竟然成了成绩优秀的学生，这为韩老师在当地赢得了良好声誉。2014年，韩老师再次教一年级，这一级学生的家长对海量阅读已少了很多怀疑，更多的是赞同和支持。

有了家长的支持，一切都好处理。她的班级在一、二年级不参加常规考试，不做卷子，不写句子，不写作文，而把三分之二的课堂教学时间用到诵读上，真正开启了“课内海量阅读”，仅在一年级上学期就读了十多本书。仅用两年时间，学生的基础就打得足够扎实，所有的学生随意翻开一篇从没有读过的文章，不经预习都能流畅朗读。升入三年级后，每个学生都能出口成章、下笔成文。作文和考试对受过海量阅读浸润的孩子来说轻而易举，用不了多长时间的训练，他们就能取得好成绩。在六年的小学语文课堂上，韩老师和她的学生畅游书海，不亦乐乎？

十多年来，每年都有来自全国各地的教师齐聚潍坊，参加课内海量阅读研讨会。她坚持十几年的课内海量阅读教改实验，让她变得越来越不普通，甚至成为人们眼中的名师。如今，面对全国各地的课内海量阅读学习者，韩老师毫无保留地与他们分享她的教学素材和教学方法，她把与教学相关的视频、音频资料直接放到江西人民出版社官网的“数字阅读”处，供他们自由下载。她以立己之心立人，一点儿都没有所谓的“名师范儿”。

她的教学笔记《让孩子踏上阅读快车道》让数万名老师和家长看到了“语文课可以这样轻而易举地从教材中突围”。她编写的“课内海量阅读”丛书《中华上下五千年》《读历史学成语》《读论语学成语》等，为有志于进行“课内海量阅读”的师生提供了高效、有趣的系列课堂共读图书。

近几年来，课内海量阅读团队遍地开花，比如淄博的徐美华老师、王爱玲老师，上海的朱霞骏老师等在自己的课堂上都做得非常出色。韩老师所在的北海学校也成为课内海量阅读的研究所。越来越多的老师跟她一起，带着自己的学生在课内海量阅读的道路上演绎着自己的精彩人生。因为有许多弟子备课，韩老师不用再像以前那样辛苦，身体也越来越好。功成名就的韩老师已年近半百，但她在教育、教学的征途上，依然活力四射、激情澎湃，奋斗的热情从未消减，追求的脚步永不停歇。她说："既然选择了教育，我就要做一名出色的教育工作者，这是我的追求，也是我的目标。"

课内海量阅读简单易行

课内海量阅读的教学方法，简单易行。在低年级，老师和学生读一读、议一议，放开声音朗读、手指文本朗读即可。

// 一年级：在海量阅读儿歌中识字

一年级学生一入学，韩老师就用最短的时间进行拼音教学。她的拼音教学侧重于让学生动手、动嘴。课堂上，学生可以一边指一边读，还可以一边摆卡片一边拼读。只用三个星期，韩老师的一年级学生就读完了《学拼音儿歌 77 首》。一入学，他们就踏上了课内海量阅读的快车道。

韩老师又给学生设计了一个又一个"举三反一""举十反一"的"缓坡"，让学生在阅读实战中进一步提高熟练拼读的能力，同时提高阅读能力，并增加识字量。

拼读完儿歌，再读最简短的《三字童谣》，一百多首三个字一句的童谣读完，再读五字、七字童谣，在大量阅读中慢慢提高阅读的难度，使学生的阅读能力在不知不觉中得到提高。各种儿歌、成语接龙等简短、整齐的文本最适合低年级学生齐读，低年级的课堂需要通过大量齐读让学生慢慢认识汉字，爱上阅读。

课堂教学的方式很简单，就是大声地读：老师领读、学生领读、开火车读、齐读……只要为学生选择的读物有趣，简简单单地读就很容易引起学生的兴趣。比如，“脉”这个多音字对低年级学生来说掌握起来难度较大，但通过读儿歌的形式他们很容易就能学会。比如，“叨”是个多音字，我们当老师的也很难读对，但《多音字儿歌 200 首》中有一首儿歌中就有这个字的几种读法，通过诵读这首儿歌，学生就能记得扎扎实实的。

叨

老猫设宴先叨叨，
叨唠半天真可笑。
笑得老高大声叫，
惊醒梦中小花猫。
小猫抱怨没睡好，
叨咕半天怨老高。
老高听后才知晓，
发誓下次不叨扰。

一个班 50 多个孩子的能力参差不齐，所以，韩老师对他们的要求不一样，她给能够阅读不同难度作品的孩子制定了不同的星级评价标准。对能够阅读儿歌的孩子评价标准如下：一星标准：会读带拼音的儿歌；二星标准：会读不带拼音的儿歌；三星标准：会认读生字、生词。这样，虽然学生认字的扎实程度不一样，但全班所有学生都能“海量阅读”起来。除了全班共读的儿歌书，学有余力的学生还可以读其他儿歌书，孩子们个个铆足了劲儿争“星”。

韩老师以阅读的大环境为训练场，使学生在口诵心惟中获得了识字“神功”。更为重要的是，那每日琅琅的读书声不仅训练了学生的语感，也让学生养成了良好的阅读习惯。一年级学生的平均识字量超过了2000个，越来越多的学生投入阅读这片广袤的原野中，他们人生奠基工程中承重量最大的基石已经结结实实、稳稳当当地立起来了。

低年级只需做好两件事——读书、写字。2016年秋天，韩老师的徒弟朱霞骏的《趣读识写一条龙》出版，“海读人”有了高效的写字教材，学生读和写的效率都得到了有效提高。

// 二、三年级：在海量阅读中诵读、积累

有了一年级认识的2000个字做基础，语文课本对韩老师的学生来说变得很简单。从二年级开始，她的学生只消半个月时间就能读完整本语文书。她的教学方法很简单，不去条分缕析课文，只要求学生有感情地朗读。学生诵读的文章越多，朗诵、理解能力就越强。到三年级时，未经过预习，只默读一遍，或听一遍录音，学生就能有感情地朗读。

不过，韩老师坚持一点：不论是课本还是课外书，都要在有感情朗读的基础上，进行口头填空。如：“翻过一座小丘，穿过一道山谷。蝴蝶追着跳舞，松鼠数着脚步；小树亮着绿叶，绿叶托着露珠；露珠掉在林中，变成朵朵蘑菇；阳光和着鸟声……”这样做的目的是让学生积累语言。

小学六年，韩老师的学生每个学期写的作文不超过10篇，他们不写日记，不写读书笔记，不做配套练习册，除了把生字写扎实外，

余下的时间都用来诵读。“劳于读书，逸于作文”，结果学生从三年级起就能下笔成文，那些学得慢的学生也能做到语句通顺。这是海量阅读的功劳。有了满腹经纶的积累，就会有出口成章的表达。

// 四至六年级：海量诵读经典

二、三年级诵读大量的白话文，使学生三年级时作文起步很顺利。随着年级的升高，学生作文的篇幅不断加长，语言不断丰富。在他们能够应对考试时，韩老师带领他们逐渐减少白话文的学习，增加文言文的学习。她为学生选择适合他们的文言文，并编写“学以致用”的自学材料。

例如，在韩老师编写的《读历史学成语》中，“相关成语”部分用最简练的语言讲成语故事和其意思。

洗耳恭听：许由嫌尧让他当官是侮辱了他，到河边洗耳朵。现在形容恭恭敬敬听别人讲话或欣赏优美的乐曲。

每个单元最后一个环节是“学以致用”练习。

他在这里备受尊敬，所以当他开口说话时，人们总是__________。

在《读论语学成语》中，她还设计了“大显身手练一练”环节，比如，为“学而不厌”“诲人不倦”这两个词设计了以下练习。

一、成语意思猜一猜：

__________：专心学习，没有厌倦、满足的时候。形容勤奋好学。

________：耐心地教导别人，没有厌烦的情绪。

二、成语运用猜一猜：

王老师教育学生特别有耐心，对一些不遵守纪律、成绩不好的学生总是________地教导。

要想在学习上取得好成绩，没有________的精神是不行的。

三、近义成语猜一猜：

不厌其烦：________

手不释卷：________

四、反义成语猜一猜：

无心向学：________

这些练习不同于常见的阅读习题，而侧重于语言的积累。一个词在这里练习了四遍，这四遍练习不是机械的重复，而是引导学生不断动脑思考、不断加深记忆和理解的过程。

学唐诗时，韩老师也在不断地寻找“学以致用”的例子。

科技的发展、互联网的普及，使人们越来越感受到，这地球真的变小了，“海内存知己，天涯若比邻”也早已成了现实。

“宁为百夫长，胜作一书生”，后人有“百无一用是书生”的说法，还有班超投笔从戎的事迹，表达了读书人建功立业的志向。

韩老师边教学边给《诗经》《论语》等经典古籍设计“学以致用”的例子，后来课内海量阅读团队的众多老师一起编写阅读教材时，也力求在阅读与表达之间架起桥梁，从而使经典阅读收到了较好的效果。韩老师依靠课内海量阅读，把一个又一个具有种子能量的经典储存到学生的记忆深处，并在他们内心播下热爱阅读的种子，为他们的人生增添了一抹厚重而绚烂的底色！

于秋婷

用童心发现语文

人·物·印·象

于秋婷，山东省德州市实验小学语文教师。特级教师，德州市教学能手，德州市优秀教师，德州市首届名师培养工程人选。她用美丽的童话，让童心绽放。她挽着孩子们稚嫩的手臂，在儿童阅读的天地里高歌欢唱。她喜欢语文，站在百舸争流的桥头守望着自己的『童心语文』；她喜欢孩子，用有趣的书，唤醒每个孩子心里对语文、对生活的渴望。她相信每个孩子都能成为最好的自己！

从课堂研究到课程研发，从自身发展到学生成长，于秋婷老师始终遵循着语文学习的规律，站在儿童本位的立场，践行“童心语文”的思想。

课堂研究：让儿童站在中央

在成长的道路上，我们不可避免地会遇到挫折和迷茫，只有内心坚定，才能找到正确的方向，走向人生的精彩与辉煌。

// 原生态语文教学的幸福体验

1998 年 9 月，19 岁的于秋婷被分配到一所普通的乡镇小学教语文。语文课应该怎样教？她面临着新入职的困惑与惆怅。

于老师从这样一个问题入手：自己小时候最喜欢什么样的语文课？经过认真思考，她认为，真实的阅读和自然的写作才是语文最该有的模样。

没有任何模式的束缚，于老师凭着自己的理解和热情经营着她原生态的语文课堂。除了和学生一起朗读、背诵课文，她还给学生读报纸、读杂志，和学生分享她自己读书的感悟。那些书中的自强与自信、奋斗与拼搏、挫折与追求、痛苦与欢乐，都成为她和学生最幸福的记忆。她在班里建起了图书角，从每个月的工资里拿出一部分给学生买书。她还在班里创建阅读储蓄银行，并在全校推行。

鲁西北大地上下第一场雪的时候，她把学生带到操场上大声诵读峻青的《第一场雪》。“谁先背熟课文，就可以去打雪仗。”她这样告诉学生。结果，不到 20 分钟时间，操场上就变成了一片欢乐的海洋。当天晚上语文作业就是写第一场雪，学生的习作虽然没有峻青的文字那么美，但是欢乐的味道更浓郁一些。

学校北边有一个非常大的果园，春天果树开花的时候，她带学生到果园里踏青游赏。于是学生的笔下出现了这样的文字：“踏着松软的泥土，漫步在三月的果园里，聆听着花开的声音，呼吸着梨花的清香……”

阅读是最有效的语文学习方式，习作来自最真实的生活体验，于老师在她的语文教学中信奉并践行着这样的理念。

// 一百节课例的苦苦追寻

参加工作七年后，于老师凭着自己的优异表现被调入德州市实验小学。

工作平台拓宽了，压力也随之增大。为了寻求更有效的教学方法，形成自己的教学风格，于老师为自己制定了一套学习策略 —— 观看名师视频，研究名家课例。

于老师在网上观看了第四届到第八届全国青年教师阅读教学大赛所有一等奖和特等奖课例视频，特别是自己所教年级的课例，她更是反复学习。最初学习这些课例的时候，她一边观看视频，一边整理课堂实录。这样，学习一个课例，就需要近两个小时的时间。白天工作比较忙，于是，大部分学习就安排在了晚上。记不清有多少日子，夜深人静，孩子也睡熟了，她悄悄打开电脑，静下心来聆听一堂堂灵动的课，感受名师的魅力，享受心灵的滋养。几年下来，她观看、研究了一百多节名师课例。

有了大量对名师课例的研究作为积淀，于老师总结出了“从单元整体、文本特点、课后习题三个维度解读文本”的教学思想。

首先，她站在单元整体的角度进行思考。每学习一篇新的文章，她都会带领学生充分阅读单元导语，提取并确定本单元的主题及主要学习目标。《鱼游到了纸上》是人教版四年级下册第七组的一篇文章，单元导语这样表述：

> 我们要想在某一方面取得成功，就应该有明确的目标，并进行不懈的追求。下面的课文，讲的都是人们通过努力获得成功的故事。这些人中有科学家、艺术家，也有生活在我们身边的普通人。让我们阅读本组课文，留心人物外貌、动作等方面的描写，和同学交流从故事中获得的启示。

于老师这样进行教学引导：

> 师：请同学们认真阅读单元导语，分别找出本单元的主题和主要学习目标。
>
> 生：本单元的主题是应有明确的目标，并进行不懈的追求；本单元的主要学习目标是：①人物外貌方面的描写，②人物动作方面的描写。
>
> 师：同学们关注一下最后一句话中的“等”字，除了外貌、动作，你们还知道哪些人物描写的方法？
>
> 生：神态描写、心理描写、语言描写……
>
> 师：接下来，我们就学习本单元的一篇文章，看看作者运用了哪些人物描写的方法，以及这篇文章可以带给我们怎样的启发。

除了关注单元导语，于老师还特别注意研究“语文园地”中“我的发现”“口语交际”“习作”等栏目，以便通过单元导语与“语文园地”的相互呼应来准确把握教材内容。

其次，立足文本特点，多角度解读。《最后一头战象》是人教版六年级上册的一篇动物小说，于老师从以下几个方面进行讲解。

文章结构：这篇文章共有23个自然段，近两千字。文中有一个非常明显的时间分界点——二十六年前和二十六年后，其中，二十六年后是本文的表达重点。这一部分，主要写了嘎羧临死前所做的三件事情，也是三个场景："重披象鞍"（第5—11自然段）、"再回战场"（第12—16自然段）、"庄严离世"（第17—23自然段）。

选文与原文比照：《最后一头战象》原文有四千多字，在选编入小学语文教材时删减了两千多字，保留的内容不到二分之一。通过选文与原文的比照，就会发现，对嘎羧动作、神态描写的句段保留得较为完整，所以，以动作、神态描写展现嘎羧的内心世界是本文的重点，也是编者的意图所在。

插图与文字对应：这篇文章共安排了两幅插图，分别对应"重披象鞍""再回战场"两个场景，以插图对应重点内容，教学时，这两个场景的学习应作为重点。

研读作者：《最后一头战象》是"中国动物小说大王"沈石溪的代表作，沈石溪16岁时赴西双版纳傣族村寨插队落户，在云南边疆生活过18年，和原始森林与野生动物亲密接触过，也经历过很多常人难以想象的事情：被狼群围困三天三夜、爬树捅马蜂窝、亲自饲养猎犬……这种丰富而独特的人生经历成为沈石溪进行文学创作源源不竭的灵感与力量的源泉。可以说，他是在用自己的生活经历和生命感悟进行写作。沈石溪自己也说："动物小说写的是动物，折射的却是人类的情感。"赋予动物人的思想，描写它们奇特的情感世界，是沈石溪动物小说的主要特点，也是沈石溪动物小说的迷人之处。

再次，根据课后习题确定文本的教学价值。人教版小学语文课后习题一般包括三个部分，对应的是语文学习的三个要素——读、说、写。《那片绿绿的爬山虎》是人教版四年级上册的课文，是肖复兴在叶圣陶先生一百周年诞辰时所写的一篇回忆性文章。文章回忆了1963

年，叶圣陶先生给肖复兴修改作文和请肖复兴做客两件事。

在这篇文章的后面，设计了这样的习题：

> 课文中有一些含义深刻的语句，例如，“在我的眼前，那片爬山虎总是那么绿着”。让我们找出来读一读，交流一下学习的体会，再抄下来。

于老师就思考：在“我”的眼前绿着的仅仅是爬山虎吗？让“我”难以忘记的是叶圣陶先生什么样的品质？课文中，又是通过怎样的事例表现的？

用这种方法，从课后习题出发，进行逆向推理，便可以把握文本的重点。

站在单元整体的角度进行思考，关注文本特点，以课后习题为导向，成了于老师备课和教学的法宝。

//“让儿童站在中央”的深刻警醒

在名师课例的学习和自己的实践研究中，于老师对语文教材的把握越来越得心应手，学校也为她的成长提供了广阔的舞台，她不仅在德城区青年教师培训会和德城区名师引领活动中执教观摩课，还以德州市优质课比赛第一名的成绩被推荐参加山东省优质课比赛。

这一直是于老师的一个梦想。可当她真正站在这样的舞台上，在聚光灯下，面对近乎挑剔的眼光，和那么多优秀教师同台竞技时，她感受到了从未有过的惊慌。上课几分钟之后，她才稳定情绪，导入、朗读、提问、讨论、讲解、表达……一节课终于过去了，于老师擦拭着额角的汗水，长长地舒了一口气。“上节课好难哪！”她在心里这样想。

评奖阶段，评委们认为，于老师基本素质很好，对西方神话的精神内涵定位较准，但对学情的研究不足，还不能真正做到以学定教。最终，于老师获得了二等奖。

这次参赛，让于老师收起了盲目的乐观情绪，又一次静下心来反思自己的课堂：虽然文本解读是语文教学的重要内容之一，可是从根本上来说，语文教学只是促进学生学习和成长的手段，学生应该站在课堂和学习的中央。

整本书阅读：用童心发现美好

在于老师眼中，语文是一门奥妙无穷的学科，语文教学是一座开发不尽的宝藏，值得她用毕生的精力去追寻。

// 回归语文教学的原点

2015 年年初，德州市实验小学开展基于课程标准的教学研究。

基于课程标准的教学与传统教学相比，最大的不同之处在于，它特别强调目标、内容、实施、评价的一致性。这四个要素分别对应教学中最需要考虑和解决的四个问题：①要把学生带到哪里去？即学生学习的彼岸在哪里？②要凭借的基本素材或活动是什么？③怎样带他们去？④怎么知道他们已经到了那里？其中，目标的确立是基础和前提，目标来源于课程标准，而非经验，解读课程标准是教学的起点。

于老师认真阅读华东师范大学崔允漷教授的《有效教学》《基于标准的课程纲要和教案》等专著，站在课程的高度，重新审视自己的语文教学：语文教学除了教课本之外，还应该教什么？语文怎么教才能更高效？

// 发现单篇文章教学与整本书阅读的关联

人教版四年级上册第三组以“童话”为主题选编了四篇文章——《巨人的花园》《幸福是什么》《去年的树》《小木偶的故事》。在阅读这四篇文章后，于老师问学生：“你们喜欢童话吗？”学生几乎异口同声地回答：“喜欢。”于老师又问：“你们对童话的印象是怎样的？”学生一时竟不知如何回答。思索良久，才有一名学生回答：“在童话里，动植物也会说话。”

学生对从小就接触的童话，为什么缺乏最基本的认识？这样的问题令于老师百思不得其解。

她开始循着基于课程标准的教学理念去寻找问题的根源和答案。

她发现《语文课程标准》中明确规定：小学六年的课外阅读总量不少于 145 万字。在实施建议部分也有这样的表述：要重视培养学生广泛的阅读兴趣，扩大他们的阅读面，增加他们的阅读量，提高他们的阅读品位。提倡少做题，多读书，好读书，读好书，读整本的书。通过对《语文课程标准》的相关内容进行思考和解读，于老师明确了两点：第一，145 万字的阅读量虽然规定是在课堂之外完成的，但却在语文课程之内，是学生必须完成的学习目标。一篇中年级篇幅中等的文章，大约一千字，145 万字的阅读量相当于阅读 1450 篇单篇文章，那么，如何确定和推荐阅读篇目？这是非常难的。即使达到了这样的阅读量，学生头脑中留下的也是一些碎片化的阅读记忆，不利于学生阅读能力和语文素养的提升，而整本书阅读则能避免这样的问题。第二，教材中的单篇短章都是精心选择、文意兼具的，宜作为精读材料，重在让学生学习阅读和表达的方法；整本书内容丰富，表达方法多样，学生能够运用课内所学的方法阅读，切实提高自己的阅读理解和语言表达能力。

她对人教版的十二册课本进行分析，发现共有 43 篇童话，其中，小学低、中年级的课本中共有 42 篇，占有很大比重。

她通过进一步和学生交流，发现了两个规律：第一，小学生的精神气质与童话世界有着天然的契合点，他们对童话阅读表现出较高的兴趣；第二，仅通过对课本中 43 篇单篇短章的阅读，他们对童话的基本要素和文体特点很难有明晰的认识，不能掌握阅读童话的一般方法，没有形成一定的阅读、欣赏能力。

基于课标的解读、教材的统计和学情的分析，于老师确定了以“童话”为主题开展整本书阅读的思路。

// 交给孩子一个完整的阅读世界

为了更好地指导学生进行整本书阅读，于老师首先从理论学习开始。她阅读的第一本书是艾德勒和范多伦的《如何阅读一本书》，这本书以形象的比喻介绍了阅读的方法、技巧：每本书的封面之下都有一套骨架，作为一个分析阅读的读者，你的责任就是找出这个骨架。一本书出现在你面前时，肌肉包着骨头，衣服包着肌肉，可以说是盛装而来。你用不着揭开它的外衣或是撕去它的肌肉，但是你一定要用 X 光般的透视眼来看它，因为那是你了解它、掌握其骨架的基础。

艾德勒的观点，对于老师的整本书阅读教学有非常大的影响。在其指导下，她在引导学生阅读整本书时，总能做到以点带面、提领而顿。

走进童话世界——《柳林风声》阅读

于老师带领学生阅读的第一本童话是英国作家肯尼斯·格雷厄姆的《柳林风声》。本书以友谊与温情为主题，讲述了鼹鼠、河鼠、老獾、蟾蜍在柳林中历险的故事。个性鲜明的人物形象、曲折离奇的故事情节、优美细致的环境描写是本书的突出特点。

在本书的导读课上，于老师以童话的三要素——人物、情节、环境为骨架，引导学生观察封面，阅读目录，猜想故事情节，阅读精彩故事片段。在不断的设疑、猜想、印证中，使学生对《柳林风声》产生了强烈的阅读期待。

在学生当天晚上的日记中，于老师读到了这样的心声：

> 一条清澈奔腾的大河，一片神秘美丽的柳林，一群个性鲜明的小动物，它们汇集在一起，为我们上演了一幕幕妙趣横生的动人故事。
>
> 在今天的语文课上，于老师和我们一起阅读了《柳林风声》这本书。忙碌奋进的春，富丽堂皇的夏，金装素裹的秋，恬淡安静的冬……朗读着那一段段优美的文字，我的心不由自主地感到温暖、宁静，一幅幅美妙生动的画面也尽数展现在我的眼前：我仿佛看到了鼹鼠迈着小碎步沿着河边奔跑，他跑累了，在岸边坐下来，可那河还是一个劲儿地向他娓娓而谈；微风习习的柳树下，一只小船停靠在河畔，船上的河鼠弹唱着曲儿，开心地看着坐在树下的三个小伙伴儿……
>
> 我的心仿佛已经随着《柳林风声》飞到了那个奇异的童话世界……

在集中指导阅读的基础上，于老师又引导学生自主阅读。她认为，自主阅读和交流时，有两点非常重要。一是给学生充足的自主空间，对阅读速度、阅读时间不做硬性规定；对阅读方法适时进行指导，但没有太多限制；对阅读体验不求统一，有自己的真实感受就好。二是尊重学生阅读水平的差异。对阅读能力较差的学生，不仅要多加鼓励和指导，还要提示他们从别人的做法中吸取阅读经验；在讨论、交流时，多关注他们的阅读体验，给他们提供表达、展示的平台，以提高他们进一步阅读的兴趣。

循着《柳林风声》的阅读思路，于老师还开展了一系列延伸阅读活动。她和学生一起阅读了《精灵鼠小弟》《小鹿斑比》《绿拇指男孩》等经典名著。

整本书阅读就像一座桥，让学生从课本中单篇短章的童话感知出发，走向专题式研究性阅读，进而进入童话文学的浩瀚海洋。

别样童年，别样人生 ——《城南旧事》阅读

《城南旧事》是林海音的一部经典作品。

在本书的导读课上，于老师围绕三个问题进行引导。首先，为什么阅读《城南旧事》？她为学生讲述了自己和这本书相遇的故事，以及作家的故事、书里的故事。其次，怎样阅读《城南旧事》？个人自主阅读 —— 寻找并梳理一些密码 —— 交流，让阅读变得更丰盈。再次，作者是怎样写《城南旧事》的？她是这样写的：我手写我心 —— 观察与想象 —— 情感喷涌 —— 沉淀思索。

与导读课相对应，于老师还以“聚焦人物及事件，聚焦难忘的镜头，聚焦经典的文字，讲述我的感受”为话题开展读书汇报会。在汇报会上，她听到了来自学生最真实的声音。

毅婷说：“这本书让我最难忘的地方是《兰姨娘》中的描写：‘我是大姐，从我往下数，还有三个妹妹，一个弟弟，除了四妹还不会说话以外，我敢说我们几个人都不喜欢德先叔，因为他不理我们，这是第一个原因。还有就是他的脸太长，戴着大黑框眼镜，我们不喜欢这种脸。再就是，他来了，妈要倒霉，爸要妈添菜，还说妈烧不好客家菜，酿豆腐味儿淡啦！白斩鸡不够嫩啦！’这段话从德先叔的性格写到他的长相，再写到他的行为给妈妈带来的不便，全面地表现出‘我’不喜欢他的原因。林海音的作品并不刻意表达什么，只是一幅场景一幅场景地从容描绘一个孩子眼中的老北京，那样不疾不徐，温厚醇和；那样纯净淡薄，弥久恒馨；那样满地都是人间烟火味儿。这怎能不让人深深喜欢呢？……”

贞祯说：“之前，‘长大’的意思，我一直不懂；读了这本书后，我觉得长大就是一次又一次的经历、一件又一件事的结束、一个又一个人的离开带给你的东西和感受，也许是无形的，也许是有形的。但高兴也好，伤心也罢，它们带来的同样是成长。如果用书中的一句话来形容我的感受，那就是‘每个人的童年不都是这样的愚骇而神圣吗’……”

继《城南旧事》后，于老师又带领学生阅读了以“童年”为主题的其他作家的作品，比如高尔基的《童年》、萧红的《呼兰河传》。

在学生的日记本上，她读到了这样的字眼：“别样童年，别样人生”“不一样的人生路”“人生始于童年”……每个孩子都是天然的阅读家和哲学家！

走进“动物小说”——《狼王梦》阅读

《狼王梦》是沈石溪的代表作之一，它为我们讲述了一个关于狼、关于爱、关于生命、关于梦想的故事。

在《狼王梦》阅读课上，于老师带领学生以“主题式聊书会”的形式分为五个话题进行交流：①你觉得狼王梦是谁的梦？你的依据是什么？②细读目录，你又读懂了什么？③借助图表的提示说说其他几个主要角色和紫岚之间的关系。④从本书的六个主要事件中选择最能打动你的一个深入阅读和交流。⑤作者为什么能写出这样触动我们心灵的优秀作品？

在整体感知本书的主要内容后，于老师还对阅读方法做了梳理。

师：读到这里，这本书的阅读就结束了。我们再一起回顾一下：我们是从哪些方面来读这本书的？

生1：先读懂这本书的书名、目录，了解整本书的主题和框架。（板书：书名、目录）

生2：我们还阅读、整理了这本书的主要角色和事件。（板书：主角、事件）

生3：我通过查阅资料，还知道了沈石溪曾在云南边陲生活过十几年，对书中写到的场景和野生动物有亲身了解和体验。（板书：作者）

师：同学们交流的这些方法，不仅适用于阅读《狼王梦》，还适用于阅读相同题材的其他图书。

对整本书阅读的指导，除了要引导学生关注故事情节的组织和表达方法的运用，还要以书为依托，注重培养学生提出问题、梳理问题、解决问题的能力。《狼王梦》一书，从书名到内容，再到作者的思想主旨，有一条贯穿始终的线索，那就是“梦”。初读本书，学生的理解往往在“梦想”这一层面。然而，随着阅读的深入，个性化、开放性的理解和体验会愈加凸显。在这一过程中，于老师适时点拨、适度追问，引导学生继续思考以下问题。

①本书以“狼王梦”为书名，结合阅读实践，你觉得“狼王梦”究竟是谁的梦？你的依据是什么？②“狼王梦”中的“梦”字，除了“梦想”，你还有怎样的理解？③紫岚狼族狼王梦想的破灭，是一种偶然还是必然？请你举例说明。

在《狼王梦》阅读的基础上，于老师还引导学生阅读沈石溪的其他动物小说。

除此之外，于老师又以“动物小说”为主题进行生发、延伸，引导学生阅读不同作家的作品——加拿大西顿的《我所知道的野生动物》、美国杰克·伦敦的《野性的呼唤》《白牙》，通过比较阅读，提升学生的阅读鉴赏能力。

每一个孩子都蕴藏着无限潜能。两年的时间，于老师带领她的学生围绕十几个主题阅读了百余本经典著作，把他们带入了一个广阔的阅读世界。

于老师还为班里每个学生设计了阅读成长档案袋，把学生阅读的书目、阅读后的感受、阅读学习单等资料整理成册，记录学生的阅读成长足迹。

随着整本书阅读的推进，学生掌握了更多阅读方法：借助目录和简介了解内容，通过绘制思维导图呈现内容的层级关系，在对比、关联阅读中品读人物形象……

除了阅读能力的提升，在写作表达上学生也有收获：由只言片语的读书笔记到洋洋洒洒的读书感悟，由叙述内容到注重表达的艺术……

从单篇课文学习到整本书阅读，于老师遵循着学生学习的规律，创造性地延伸着语文学习的空间，促进了学生智慧的生成和生命的发展。

四季课程：让童心自由飞扬

不管是单篇课文的学习，还是整本书阅读，孩子们始终是在文字中体验别人的生活和思想。如何实现从课堂到生活，从阅读到体验，给孩子们一种完整的语文学习生活？于老师一直在思索。

// 课程缘起

2015 年，学校为改变综合实践课教学效果不明显的问题，提出对综合实践课进行重组和整合，集中在某一周开设，创建“2+1+2+1”的学期课程模式，即 2 个月左右的学科学习加 1 周左右的综合实践课程，再继续 2 个月左右的学科学习加 1 周左右的假期综合实践课程。综合实践课程依据四季分为四大主题 —— 萌动春天、七彩之夏、积实如秋、雪韵之冬，总称为“四季课程”。于老师将语文教学与综合实践课程巧妙结合起来，率先成为该课程的实践者。

// 课程创意

课程名称：“四季课程”之“萌动春天”。

主题寓意：“萌动”，出自《礼记·月令》：“(孟春之月)是月也，天气下降，地气上腾。天地和同，草木萌动。”指开始发芽，也比喻事情刚刚起头。

“草木萌动鸿雁归”，春天生机勃勃，春意盎然，一个个生命在萌动勃发。“萌动”有生长、萌芽之意，亦代表着孩子们的天真活泼、朝气蓬勃。课程的设计意在引领孩子们将目光投向大自然，将心灵的触角伸向细微之处，去感受春天的内在意蕴，体味生命成长的喜悦，领悟生命中蕴藏的不可遏止的顽强力量。

该课程分为五大模块。

启动之旅 ——“草木萌动鸿雁归”

课程目标：①初步了解“四季课程”，知道“萌动春天”课程的具体安排。②在《一粒种子的旅行》中感知自然神奇的力量。③创意分组，培养孩子们的创新能力与合作意识。④吟唱春天，让孩子们在吟唱中体验自然之美、生活之美。

课程内容：上午，启动仪式 —— 规划春天，阅读《一粒种子的旅行》；下午，春之声 —— 吟唱春天，孩子们吟诵的诗词成为飘入春天的曼妙音符。

节气之旅——“春雨惊春清谷天”

课程目标：①诵读《二十四节气歌》，重点了解春天的六个节气（立春、雨水、惊蛰、春分、清明、谷雨）。②收集与春天六个节气有关的古诗，例如《京中正月七日立春》（罗隐）、《春夜喜雨》（杜甫）、《清明》（杜牧）、《惜牡丹花》（白居易）、《田家》（梅尧臣）、《踏莎行》（欧阳修）。③根据课前收集的资料交流春天六个节气的由来，以及与之相关的农事活动，实现传统文化与生活体验的融合。

课程内容：上午，诵读《二十四节气歌》，重点了解春天的六个节气，诵读与之相关的古诗。下午，交流春天六个节气的由来，以及与之相关的农事活动。

游春之旅——“游子寻春半出城”

课程目标：在游春过程中锻炼学生的观察能力、搜集信息能力、动手实践能力、想象力与艺术鉴赏能力。

课程内容：上午，学生合作制作手绘风筝，美术老师跟进，随时指导。下午，游春之旅，到植物园写生。

运动之旅——“舞动春天的旋律”

课程目标：①在体育活动中感受春天的活力，锻炼身体，增强体质。②体会生态环境的重要性，感悟人与自然的和谐美好。

课程内容：上午，学习律动操（健身操、足球、篮球等室外活动）。下午，电影欣赏之旅——观看宫崎骏的动画影片《龙猫》，写简单的观后感。

成果展示——“流年春韵　佳时有约”

为期一周的“萌动春天”课程结束了，沉淀下来的都是孩子们对春季美好时光的纪念。

①成果评价。“萌动春天”课程成果展示：朗诵、绘画、合唱、律动操等。

②自我评价：为这一周的收获做总结。

在孩子们原来的经验中，春天可能只是每年都会到来的季节。而“萌动春天”课程的研发和实施，意在引导孩子们用眼睛、耳朵、嘴巴、小手等多种感官深入感知春天。他们在《一粒种子的旅行》中感知生命的力量；他们在古典诗词里，感悟春天；他们放飞属于自己的独一无二的风筝，也放飞自己儿时的梦想。春天的植物园，绿树成荫，花香四溢，孩子们专心写生，一笔一画里都是他们幸福的记忆。而他们，也成为实验小学独一无二的春天！

“萌动春天”是“四季课程”的一个剪影。于老师说，她的语文教学之路和“四季课程”一样，在生命的四季里因时而成，依律而行！她和孩子们一起舒展个性，自由飞扬！

追梦路上的识字情缘

张丽

人·物·印·象

张丽，山东省寿光市明珠小学语文教师。特级教师，山东省优秀教师，齐鲁名师，富民兴鲁劳动奖章获得者。

因为爱学生，爱语文，她从未停止过语文教学研究的脚步。她总结出了『三点一线』识字法，带领学生轻轻松松识汉字，简简单单学语文，快快乐乐学做人。因为『三点一线』识字法，她的课堂变得活泼开放，她的学生变得智慧飞扬。她与学生一起，始终走在快乐语文学习之路上。

胡适当年把范仲淹的八个字送给自己，也送给青年人："宁鸣而死，不默而生。"这八个字也成为张丽老师在追梦路上一直前行的不竭动力。

当老师，是张丽老师从小的梦想。她那颗梦想的种子，是在几位可亲可敬的小学老师的谆谆教导和言传身教中慢慢萌发的。初中毕业时，她毫不犹豫地报考了寿光师范学校。

但是，当真正站在三尺讲台上，面对一双双求知若渴的眼睛、一张张童稚可爱的笑脸时，她却陷入了窘境：如何跟学生交流？如何组织课堂？如何把知识教给学生？……这些问题都让她感到茫然无措。"学然后知不足，教然后知困。"在工作之余，她重新开始学习。她订阅了《山东教育》《人民教育》《小学语文教师》《小学语文教学》等刊物，如饥似渴地学习着。

她深信"你是谁并不重要，重要的是你和谁在一起"，于是，她向"优秀"靠近，向身边的名师学习。她缠着李凤君老师、冯树学老师做他们的徒弟，她向毕英春老师请教……在几位恩师的引领下，她从寿光市教学能手到潍坊市教学能手，再到特级教师、齐鲁名师，一路走来，从没有停止过学习和研究的脚步，逐步走出了一条适合自己的识字教学之路——"三点一线"识字法。

通过学习，她发现虽然自己学到了一定的课堂教学技巧，了解了一些新的教育、教学理念，但是这些技巧、理念很难落地，在自己的课堂上应用起来难度很大。分析原因后她发现，这主要是学生的识字量太少所致。因为识字量达不到要求，学生的阅读水平、习作能力都受到很大限制。

机缘巧合，2004 年，张老师当时所在的学校正好参与了国家教育科学"十五"重点课题的子课题"小学生语文字词能力评价"的实验研究，在实验过程中，她发现采用传统的教学方法——老师讲解课文前后，领着学生认读课文中的字词，学生很难达到《语文课程标准》中“大量识字，提前阅读”的要求，甚至很多学生连课本上要求掌握的生字都不能很好地掌握，更为严重的是，在重复、机械的认读过程中，学生丧失了识字和阅读的兴趣，进而不喜欢语文学科，甚至开始厌学。

张老师深切地体会到，识字基础打不好，就学不好语文。因此，她开始进行识字教学研究，提出了“课内学方法，课外巧运用”的识字模式。经过一段时间的实验，她发现低年级学生学习兴趣持续时间短，自觉识字的习惯很难养成，于是，她又引入一些活动和相应的评价手段，很好地调动起了学生识字的兴趣。她把这一识字方法命名为“三点一线”识字法。

“三点”分别是“课堂”“生活”“活动”，是识字教学的三个“基本点”。

“一线”是“培养学生良好的识字习惯”，是识字教学的“主线”。这一“主线”将“三点”串联起来，使学生识字能力大大增强、识字数量大大增加，而且掌握了识字方法。

课堂上学习方法——识字教学的中心点

课堂是学生学习的主阵地。“学贵得法”，教师在课堂上不应该仅仅“授鱼”，还应该“授渔”；不应该仅仅教会学生课本上的几个字和有限的知识，还应该教给学生科学、有效的学习方法，帮助他们养成良好的识字习惯，使他们受益终生。

为了培养学生自主识字的能力，张老师除了教给他们常用的识字方法，还采用“原点”拓展识字法扩大他们的识字量，即以语文教材为依托，以课文中的某个字或词为“原点”，从“原点”向四周伸展出无数条“坐标轴”，拓展学习同类字词。

为了让学生爱上识字，张老师依据趣味性原则，采用多种拓展形式，比如儿歌、词串、图片、一字开花、趣味故事、字源和字理等激发学生识字的兴趣。

// 儿歌

这是最常用的形式。例如，在学习人教版一年级上册《大还是小》时。张老师以“己”字为“原点”，利用自编的儿歌帮助学生拓展认识“起”“记”“纪”“杞”四个字。

> 我们快乐在一起，人人从小要守纪。观察红色小枸杞，坚持每天写日记。

// 词串

这是简洁、明了，读起来朗朗上口的一种形式。在学习人教版二年级上册《一株紫丁香》时，张老师以“株”字为“原点”，利用词串的形式帮助学生拓展学习木字旁的字。

槐树	榆树	梧桐树
杨树	柳树	松柏树
棕树	榕树	椰树

// 图片 + 儿歌

这种形式既直观，又容易吸引学生的眼球，便于学生识记。在学习人教版二年级上册《识字 5》这一单元时，张老师以“移”字为“原点”，利用图片加儿歌的形式帮助学生拓展学习禾字旁的字，如秧、稻、穗、秕、稞、秸、秆、种、植。

张老师搜索下载了秧苗、稻田、谷穗、秕谷、青稞、秸秆的图片，并与这些词一一对应起来，展示给学生。

然后又出示了一首儿歌。

一畦秧苗，移苗稻田。
谷穗弯弯，秕谷扁扁。
秸秆空空，青稞尖尖。
种植庄稼，与禾有关。

// 一字开花 + 趣味短文

这一形式先根据“原点”字出示拓展字让学生认读，再把“原点”字和拓展字放到具体语境中让学生应用。

在学习人教版一年级上册《明天去远足》时，张老师以“吗”为“原点”，利用一字开花加趣味短文的形式让学生拓展学习口字旁的语气词。

一字开花：

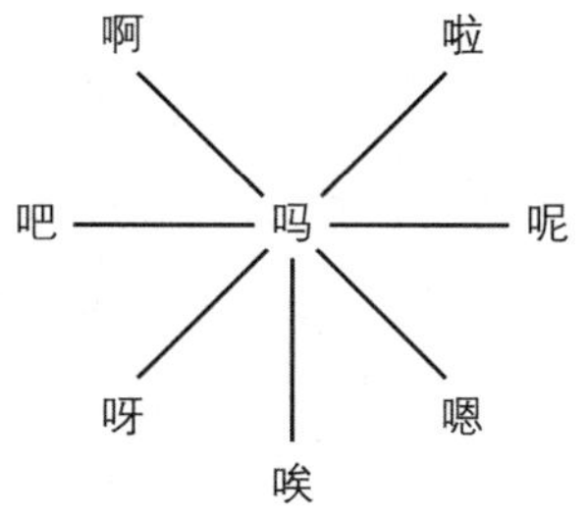

趣味短文：

明明今天真高兴啊！为什么呢？因为他画的画得奖啦。先把好消息告诉谁呢？嗯，想好了，先告诉姥姥吧，姥姥是最疼自己的呀！唉！要是其他科目也能得奖就好了！

// 趣味故事

这也是学生非常喜欢的一种形式。在学习人教版二年级上册《“红领巾”真好》这一课时，她以“叽喳”一词为“原点”，利用自编的趣味故事帮助学生拓展学习部分口字旁的象声词，如喵喵、喔喔、嗡嗡、咩咩等。

> 动物音乐会开始了，小猴子做指挥；泉水来伴奏：叮咚、叮咚；大家齐合唱：小猫喵喵，小鸡叽叽，喜鹊喳喳，公鸡喔喔，蜜蜂嗡嗡，小羊咩咩……这声音真好听！

// 字源和字理

汉字，即汉语的记录符号，它是世界上最古老的文字之一。现存最早、可识的汉字是殷商的甲骨文和稍后的金文。现代汉字即由甲骨文、金文演变而来。在形体上，逐渐由图形变为笔画，由象形变为象征，由复杂变得简单。在造字原则上，由表形、表意变为形声。让学生了解字源，以及一定的字理，也是很好的识字方法。

例如，在学习人教版二年级上册《“红领巾”真好》这一课时，通过出示“巢”字的图片、古文字、今文字，让学生了解字形的演变过程，在看“图”中轻松愉快地识字，并掌握这一识字方法。

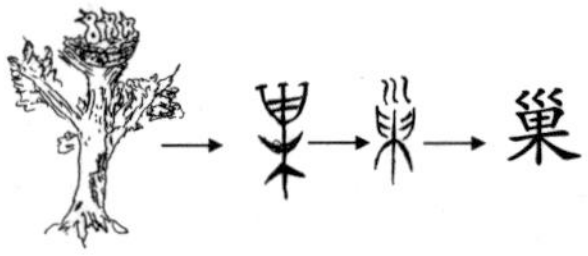

再如，在学习人教版一年级上册《日月水火》这一课后，张老师根据象形字这一“原点”，通过“图片＋古文字＋今文字”的形式帮助学生拓展认识象形字“舟”“竹”“石”“泉”“川”“燕”。

“原点”拓展识字法，因为以教材为基础，以课文中的字词为“原点”，与课文内容紧密结合，易于被学生接受，也有利于教师操作。现今教材中的分散识字法是随文识字，结合文中的故事，有一定的趣味性，但是因为不成系统，没有规律可循，加大了识字的难度。“原点”拓展识字法，则弥补了这一不足，而且在引导学生归类学习的过程中，可以让学生触类旁通，为学生以后的自学奠定基础。多样化的呈现形式，也有利于保持学生的兴趣，防止因形式单一而造成学生的审美疲劳。

生活中巩固拓展——识字教学的延伸点

学以致用，学习的目的是应用，识字的目的同样是应用。要在应用中巩固，在巩固和应用中增加新识。应将课堂与生活对接，在课内学方法，在课内外应用，将识字的空间拓宽、拓深。美国语言教育学者肯·古德曼主张，应让学生主导自己对语言的学习、使用，使他们在听、说、读、写、思上有更多自主权。语言学习渠道众多，而不仅仅是教科书；学习场所多样，而不仅仅是课堂。生活中处处皆学问，

“语文学习的外延与生活的外延相等”。

// 建立贴字本，在动手剪贴中识字

第一步，让学生随心所欲地贴，提高他们的识字兴趣，激发他们主动识字的愿望。从学生入学的第一天起，她就争取家长的支持，帮助每个学生做一个贴字本。要求学生每天晚上回家，把当天在课外认识的字（词）剪下来，贴在贴字本上，也可以请家长帮忙把认识的生字写到一张纸上，让学生自己剪下来，粘贴到贴字本上。学生把自己从商标、报纸、宣传画报、同学的名字、家长的名字等中认识的字都贴到贴字本上。在剪贴的过程中，学生加深了记忆，提高了兴趣，培养了动手能力，激发了主动识字的愿望。

第二步，让学生有的放矢地剪贴，教给他们识字的方法，培养他们独立识字的能力。随着学生识字习惯的养成与识字量的增加，从一年级下学期开始，引导学生有的放矢地剪贴。在课堂教学中，教给学生“原点”拓展识字法，让他们课外利用这一方法归类识字。比如，在他们学完人教版二年级上册《秋天的图画》这一课后，将“波浪”一词作为“原点”，引导学生剪贴带三点水的字；学完人教版二年级上册《植物妈妈有办法》中“蹦”“跳”后，让学生积累、剪贴足字旁的字……通过自己动手剪贴，学生明白了三点水旁的字一般跟水有关系、足字旁的字一般跟脚有关系……这样，就把汉字的音、形、义紧密地结合起来，提高了学生的识字能力和识字质量。

贴字本的建立是基础，运用是关键。为了运用好贴字本，张老师创设了多种活动，为学生识字搭建平台，激发他们的兴趣。

（1）五分钟识字展示

坚持在每天的语文课上进行五分钟识字展示。让学生先轮流当

“小老师”，教大家认读自己剪贴到贴字本上的字（词），然后同桌两人相互交流贴字本上新认识的字（词）。

（2）识字汇报课

利用每周五上午的语文课进行识字汇报。汇报分小组进行，由学生在小组内交流一周来认识的字以及识记的方法，评出小组内的“识字大王”。

（3）识字擂台赛

每月组织一次识字擂台比赛。各组每周评出“识字大王”参加识字擂台比赛，最后评出班里的“识字大王”，并颁发奖状。“识字大王”不仅要与同学们分享认识的字，还要分享识字的好方法。

这些活动使学生始终保持浓厚的识字兴趣，极大地调动了学生的识字积极性。

// 培养阅读兴趣和习惯，在阅读中应用和巩固

培养阅读习惯和兴趣从语文课上五分钟“循环朗读”开始。这一活动从学生学完拼音开始，利用每节课开始五分钟左右的时间进行，每节课一名学生到讲台前朗读。朗读的内容和水平，根据年级不同而有所差异。在朗读内容方面，一年级上学期，由于学生识字量小，由学生自选，主要是带拼音、篇幅短小、趣味性强的小故事、儿歌或者诗歌等；从一年级下学期开始，由教师指定朗读文章，包括《语文主题学习丛书》以及课本的配套读物等书中的文章；从二年级下学期开始，要求朗读不带拼音的课外读物。在朗读水平方面，一年级上学期，要求读音正确、站姿挺拔、发音清晰、声音洪亮；从一年级下学期开始，强调读通顺；从二年级上学期开始，强调注意停顿；从二年

级下学期开始，提醒学生关注人物对话的语气；从三年级开始，提醒学生把自己的感受和情感融入朗读中。

“课中自由阅读”也是培养学生读书兴趣的好方法。课堂上，只要完成阶段任务就可以自由阅读，就可以阅读自己喜欢的读物。“课中自由阅读”既激发了学生的阅读兴趣，又让每个学生在课堂上都有事可干，让学得快的学生“吃得好”，让学得慢的学生“吃得饱”，也让老师不再为课堂纪律发愁。

“每晚一故事”是学生阅读习惯形成的关键。要求学生每天晚上读一个故事给家长听。学生在读的过程中，调动了已有的经验，巩固了原来认识的字词，又运用学到的识字方法增加了识字量，拓宽了识字渠道，培养了语感，更为重要的是，在语境中认识的字词记忆得更扎实，运用起来更熟练。

// 练习写话，在写话中巩固运用

写话是对学过的字词进行应用的重要途径。写话从学完拼音开始，一年级的学生年龄小，写话是怎么回事、怎么写、写什么、标点符号怎么用、按怎样的格式写……对他们来说，都是新知识，都需要耐心、细致、手把手地教。如果不加指导，只是布置写话任务，就容易让学生丧失兴趣，产生畏难心理。因此，做好写话前的指导工作非常重要。

张老师根据学生的年龄特点，遵循“教——扶——放”的原则，一步步地指导学生写话。

（1）教

刚开始写话时，让学生说一说一天中自己最想说的话是什么，可以是给自己印象最深的人和事，也可以是看到的一处美景；可以是和

老师、同学之间的事情，也可以是和家长、路人之间的事情……学生说完后，让他们把自己刚才说的话写下来，并告诉他们写话时，每句话中都要用标点符号，前面还要空两格……学生自由写话时，张老师就挨个指导。就这样，张老师手把手地教，慢慢地，学生就能把自己的所见所闻记录下来了。

> 今天傍晚，我看见落日，它把天边的云朵染成了五颜六色，美丽极了！
>
> ——一年级一班　祥坤
>
> 今天是星期天，我回老家了。我在路上看见杏树开花了，有白色的、粉红色的……我好久没见过杏花开了，好美呀！春天是花开的季节。我喜欢春天！
>
> ——一年级一班　鹏越
>
> 今天中午，爸爸买的可口可乐和鸡翅，妈妈做的可乐鸡翅，好吃极了！我爱爸爸和妈妈。
>
> ——一年级一班　林海

通过这一句句稚嫩的语言，可以感受到学生的喜怒哀乐，也可以看到他们能比较恰当地运用学过的语言文字。

（2）扶

一段时间手把手地指导后，学生已经知道写话是怎么一回事了，这时就要稍微放手，采用“扶”的方式了。

“扶”从看图写话开始。学生已经知道如何注意格式、如何运用标点符号、如何把自己最想说的话写下来……但是，怎样把情节写得更具体、更生动呢？这就需要教师扶一把，可以给学生出示他们感兴趣的图片，让他们说说图上画着什么，一定要他们注意图片上的景物和主要人物的神态、动作，并据此想象其心里是怎么想的、他会怎么说。这样，学生就能把一件事完整地叙述出来了。下面是一名学生的看图写话。

聪明的小白兔

二年级一班　艺宵

一天，天气好极了。兔妈妈让小白兔去集市上买些日用品。小白兔高高兴兴地来到集市上，买到了妈妈要的日用品。

小白兔正在回家的路上，突然，天阴了下来，看样子一会儿就会下大雨。小白兔往四下一看，发现一棵大树下有许许多多的蘑菇。小白兔采下一个最大的蘑菇挡在头顶上。

小白兔回到家，兔妈妈奇怪地问："你为什么没有被雨淋湿呢？"小白兔说："因为我在回家的路上，发现路边大树下有蘑菇，我用蘑菇当雨伞了。"兔妈妈说："你真是个聪明的好孩子！"

仿写，也是"扶"的好方法。例如，学完人教版二年级上册《假如》这一课后，学生知道了爱心不仅仅是对人类的，动物、植物也同样需要爱心和呵护。这时候给学生出示一些图片——盲人、树木被砍伐后无家可归的小鸟、被污染的小河……让学生看着图片，仿照《假如》中的句子说一说，然后写下来。

假　如

二年级一班　文倩

假如我有一支马良的神笔，

我要给空中的小鸟，
画一片绿色的森林，
它们就不会面对树桩，
哀哀鸣叫，活活饿死。

假如我有一支马良的神笔，
我要给水中的鱼儿，
画一条清清的小溪，
还它们一个干净的家，
它们再也不会伤心死去。

假如我有一支马良的神笔，
我要给人们
画一些新鲜的空气，
还大家一个健康的世界，
人们再也不会
因为雾霾，没有了健康的身体。

假如我有一支马良的神笔
…………

（3）放

经过一段时间的“教”和“扶”后，学生了解了如何写话、怎样才能写得生动、具体，然后就应该放手让他们自由表达。学生自由表达时，内容、形式等都是开放的，比如，可以把正在发生的事情写下来，可以记录自己的心情……

春雨

二年级一班　子琳

“沙沙沙，沙沙沙”，春雨用温热的小嘴吻醒了沉睡一冬的大地，大地睁开了明亮的眼睛，春雨把春的信息洒遍大地！

看，多美呀，小草探出了绿茸茸的小脑袋，迎春花吹起了金色的小喇叭，它们都赶来报喜了：“春天来啦，春天来啦！”

柳树吐出了翠绿的新芽，垂着长长的头发，春雨飘落下来，仿佛少女在用水梳理自己整齐的秀发。

啊，我爱春天的细雨！

活动中激发兴趣——识字教学的支撑点

兴趣是求知的前提、学习的动机。只有培养起学生的兴趣，才能让学生乐于学习。小学生，特别是低年级的学生，注意力、兴趣等持久性差，为了使他们始终保持识字的兴趣和热情，张老师定期组织各种活动，并及时评价。

// 组织各种活动

（1）读书识字汇报会

每学期组织一次读书识字汇报会。汇报会主要有三个环节：第一个环节是经典诵读，这一环节全员参与，采用表演节目、全员诵读等形式展示一学期来诵读的国学经典内容。第二个环节是朗读比赛，这一环节采用抽签的方式，从课外读物中抽取某一篇或某一部分文章让学生朗读。第三个环节是自由展示，由学生根据自己的爱好、特长等选取自由展示的内容，但必须与识字、读书、积累有关，如三句半、诗词朗诵、课本剧表演、讲故事、唱诗……这一环节参与的人员，以学生为主，家长、老师可以友情助演……所有节目都由学生自己主持，每个学生都是主持人，都有上台展示的机会。对第二、第三个环节的节目进行现场评分，评委是班级委员会的成员，每一名参与的学生都能获奖。获奖学生除了能获得证书外，还会得到书、文具等奖励。

这一活动极大地调动了学生读书、诵读、积累的兴趣，也调动了家长参与班级事务、亲子阅读的积极性。

（2）读书实践活动

张老师还组织了形式多样的读书实践活动：到书店读书、共读一本书、读书沙龙、给门牌上的汉字纠错、放飞梦想……组织这些活动前，先组建班级读书委员会，所有活动都由班级读书委员会组织。

到书店读书活动源自一次识字、读书调查，在调查问卷中，晨爔家长写道："学生虽有阅读意识，但读书盲目，缺乏指导，特别是不知道该读什么书以及如何阅读，因而在选择书时有些盲目，或者过于单一，造成阅读面狭窄；或者盲目听从同学的意见，选择了一些难度过高或者过低的书……"这是很多家长都存在的困扰。针对这一困扰，张老师利用闲暇时间组织学生和家长一起到书店选书、读书。在书店里，张老师现场指导学生和家长，如何从书名、作者、内容提要、前言、目录等入手，选择自己喜欢的书；选好书后，怎样进行有效阅读；阅读时遇到问题该怎样解决；等等。经过细致的现场指导，学生和家长明确了怎样选择一本适合自己阅读的好书，也知道了怎样才是有效阅读，并能感受读书氛围、享受读书乐趣。

读书沙龙活动分三步进行。

第一步：推荐阅读书目。每个人把自己最近读到的好书推荐给大家，经过讨论，最后确定一到两本书作为大家的共读图书。

第二步：交流读书心得。先推选出教师、家长、学生代表发言，谈自己的读书心得。然后每个人根据自己的读书情况，发表各自的意见和看法。

第三步：评选优秀读后感。交流后，由班级读书委员会的管理人员组织、评选出优秀读后感，并为获奖者颁发证书。

班级读书委员会每学期都组织学生到周围的风景区举行放飞梦想活动，这一活动不仅让学生领略了大自然的风光，同时也为写话、习作提供了素材和空间。

第一年参观弥河风景区后，艺凡写道：

> 一路上我们谈笑风生，飞一般地来到了弥河。弥河风景如画，置身其中，仿佛来到了仙境。枯黄的芦苇在阳光的滋润下努力孕育着绿色。两旁的树多是枯的，只有松柏身着绿衣傲然挺立，在欢迎我们的到来。湖面上，冰一大块一大块地浮着，我不禁想起了“望长城内外，惟余莽莽；大河上下，顿失滔滔”……

第二年参观弥河风景区后，欣宜写道：

> 我的家乡有条美丽的河——弥河。
>
> 春天的弥河格外美丽。春风拂来，河面波光粼粼，不时泛起一阵阵涟漪。河岸的柳树，千姿百态，翠绿的柳枝在风中飘舞，让人心情飞扬。
>
> 河岸上有一片片的牡丹花、月季花、芍药花，或含苞待放，或争奇斗艳，娇艳欲滴。脚下的草坪，也变成了绿色的地毯，软绵绵的，躺在上面，格外舒适。

到蔬菜博览园参观后，一凡写道：

> 不管什么季节来到这里，你眼前呈现的都是一幅幅生机盎然的景象：有长而弯曲的蛇瓜，有一百多斤重的南瓜，有小巧玲珑、红得可爱的西红柿，有穿着多刺礼服、头顶小黄花的黄瓜……

// 做好评价

每项活动都及时跟进评价，以评价促进识字。

（1）对每节课开课五分钟的“循环朗读”进行评价

根据每个人的朗读情况，给予个人和小组相应的星级评价。根据读音是否正确、站姿是否标准、声音是否洪亮、朗读是否流利、感情是否到位给予最高五星、最低一星的评价。

（2）在“识字大王”“经典诵读能手”“读书读报能手”等评选活动中进行评价

“识字大王”的评选主要是根据贴字本上粘贴的内容进行的。先在小组内互评，根据粘贴数量、能否正确读出来、粘贴的美观度等，给予每个学生相应的星级评价。每月每个小组推荐一名学生到前面展示，根据这名学生展示的情况评选出优胜个人和优胜小组。“经典诵读能手”和“读书读报能手”的评价过程与之类似。所有评价都及时记录到评价表中。

（3）在读书识字汇报会上进行评价

在每学期组织一次的读书识字汇报会上，根据学生的表现进行现场评分（前文已经提到）。

（4）对每学期的识字、阅读情况进行测评

比如，有一届学生识字、阅读的检测成绩如下：

识字量 测试年级	人均 识字量（个）	课本要求 识字量（个）	超出数量（个）
一年级（利用 3500 常用汉字检测）	1568	900	668
二年级上学期（利用 2500 常用汉字检测）	2027.41	1350	677.41
二年级下学期（利用 3500 常用汉字检测）	2949	1600	1349

从以上数据看出，到二年级结束后，学生的识字量已经大大超出了课标要求，这得益于“三点一线”识字法。

从三年级开始，市教科研中心的李凤君老师每学期都对张老师所教的班级和同年级其他三个班级进行阅读能力测试（其中一班由张老师教，二班由张老师的弟子孙秀丽老师教，一、二班进行了“三点一线”识字法的实验，另外两个班没有进行实验），命题和阅卷都由李凤君老师亲自操作。以下是测试结果：

分数 班别	三年级上学期（满分 40 分）	三年级下学期（满分 50 分）	四年级上学期（满分 100 分）	四年级下学期（满分 40 分）	五年级上学期（满分 45 分）	五年级下学期（满分 45 分）
一班	28.62	35.98	83.8	26.6	36.8	33.28
二班	27.31	35.83	79.6	27.2	36	31.33
三班	23.84	24	74.8	23.9	32.8	25.76
四班	22.6	23.86	76	22.2	30.7	21.95
最大分差	6.02	12.12	9	5	6.1	11.33

（说明：由于张老师当时所在的学校，校舍和教师数量不足，学生到了六年级后有一半到初中校园上课，所以只跟踪监测到五年级。）

从检测成绩来看，张老师和她的弟子所带的班，学生识字量更大，阅读能力也更强。除了识字量和阅读能力外，李凤君老师还对这几个班级的书写、听力等进行了测试，结果，一、二班的成绩远远高于三、四班的成绩。这说明，在“三点一线”识字法的带动下，学生的整体素养有了很大提高。

（5）评选星级小明星

张老师班里的每个学生都有一个奖章，奖章分为“三星级小明星”“五星级小明星”和“十星级小明星”等几个等级。每月评选一次，评选依据是识字、阅读、写字等，根据评选结果颁发奖章，奖章实行动态管理，根据每次的评选情况随时换发奖章。

白岩松说：“真正的知识分子，不仅要有当下，更要有责任和远方。”教师的责任与远方显得尤为重要，因为他们面对的是祖国的未来。然而，张老师深知，单凭一个人的肩膀，很难挑起更重的责任；单凭一个人的脚力，很难丈量出更远的土地。她常说：“人生最美好的遇见，是与一群志同道合的人邂逅，然后携手一同上路。”她与一群志趣相投、追求相同、有同样梦想的老师走到了一起，组建了“快识字”“早阅读”“写好字”等团队。她和团队成员一起，以“原点”拓展识字法为依托，开展“原点”教学研究，在追梦的道路上携手同行。

张老师在追梦的道路上获得了许多荣誉和光环，也得到了很多人的关怀和帮助，为此，她一直心怀感激之情。她确信，前方的路依旧精彩而令人期待，唯有无所畏惧，一路前行，才对得起路旁的鲜花和掌声，对得起路上伸出的双双援手，以及那一双双稚嫩、灵澈、求知若渴的眼睛。为此，她将不忘初心，砥砺前行。

相遇在春天

陈鸿

人·物·印·象

陈鸿，山东省青州云门书院双语学校语文教师。特级教师，潍坊市教学能手，中国网『二〇一五年度中国好教师』。她组织了『爱心读书俱乐部』，创建了『书香乐苑』特色班级。她用智慧为孩子们打开书籍的宝库，用心灵倾听孩子们成长的声音，她把平凡的工作绘成了一道最美丽的风景。

每天早上，“书香乐苑”教室里总有一位四十多岁的中年女教师，在带领学生读经诵典，给学生讲故事，用经典著作润泽学生的童年。她感谢与学生相遇的缘分，她把每个学生都看成待放的花朵，怀着尊重与敬畏之心，欣赏和呵护着他们。她就是陈鸿老师。

曾经，陈鸿老师认为老师就是日复一日地上课、备课、改作业，王志尚老师告诉她：“要把语文课上得有趣，要让学生学得轻松，就要自己多读书，领着孩子多读书。”王老师给了她一摞《小学语文教师》《山东教育》。从那以后，陈鸿老师开始与书为伴，一级一级参加课堂教学评选，从校级到县级到市级，一直到参加山东省优质课评选。

童书，唤醒生命

从 2007 年春天开始，绘本、儿童文学、少儿科普读物走进了陈老师和孩子们的生活中。在童书世界里，陈老师、家长和孩子们都找到了快乐与满足，他们的生命之花也灿烂地开放起来。

// 爱是可以传递的

陈老师爱孩子们，孩子们乐于把自己的快乐与忧伤和她分享，她也乐于做个倾听者，生活因为孩子们而变得忙碌、有生机。在家长会上，陈老师把孩子们平日活动的照片精心制作成幻灯片，一一展示给家长看，她的讲述围绕着一个主题：唤醒家长对阅读的重视！

她介绍孩子们早上诵读的情况，展示背诗能手一诺的成绩；介绍日记写得最好的孩子祥钊的日记及其父亲写的亲子共读的感受《心随书动》；对比读书能手文杉的变化；展示英睿懂得的科学知识有多么丰富……总之，每个孩子她都介绍到了，让家长们看到孩子的差距与家庭教育的差距直接相关，与阅读状况直接相关。

最后，陈老师介绍了以往学生家长捐赠图书，成立爱心读书俱乐部的事情，鼓励家长们积极参与。

第二天，文杉悄悄告诉陈老师：“我妈妈愿意为同学们每人买一本书。”陈老师很吃惊，这是一个双职工家庭，经济条件一般，到底是孩子想要逞强，还是家长自愿买书？陈老师很郑重地打电话与家长沟通，家长说：“虽然我们是普通双职工家庭，花几百块钱为孩子们每人买一本书还是承担得起的。我们与孩子约定，这个夏天我们少吃点儿冷饮，少买件衣服，就可以为全班小朋友每人买一本书了。我们真心愿意这么做。”这是一件多么有意义的事啊！

上课的时候，看到文杉坐得端正、听得认真，陈老师就趁机说：“今天听讲认真的孩子有个奖励，瞧，是一本书呢。”文杉上台领奖的时候，一脸得意。那天，还有两名学生得到了同样的奖励，其他学生满眼羡慕。

第二天早上，文杉拿着《阿拉丁神灯》跑到陈老师跟前，说：“老师，这本书我已经看完了，请您把它再奖励给今天表现好的同学吧。妈妈说，爱是可以传递的。”好一句“爱是可以传递的”！这是一位多么智慧的母亲哪！她用自己的工资为孩子们赠送图书，把对女儿的爱传递给全班每一个孩子。

陈老师激动地抱了抱文杉，高举着书，对全班学生讲了这个故事，并示意他们把最热烈的掌声送给文杉。

第三天早上，意想不到的事情发生了：英睿拿着《西游记》来了，一诺拿着《公主的故事》来了……看来，爱，真的可以传递！一个小小的举动，可以唤醒孩子们对真、善、美的追求！

// 童书，让她从儿童的视角看世界

有人说，人生最大的奢侈在于保持一颗童心。曾几何时，我们心中缺少了触动心灵的感动，脸上缺少了发自肺腑的笑容。自从与孩子们共读绘本后，陈老师找回了那份久违的童真。

每天晚上，陈老师都会捧起床头的一本本童书，有时把家里人都想象成书中的人物，读《青蛙弗洛格的成长故事》时，儿子就变成了弗洛格；读《傻鸭子欧巴儿》时，儿子就是欧巴儿，她则是老黑管；读《老人与海》时，老渔夫圣地亚哥的命运给了她深深的启迪……

读《柳林风声》的第一章《河岸》时，看到鼹鼠对春天的好奇，看到春天不可抗拒的力量，看到大河像个孩子似的一路奔流前行，陈老师被感染了，笑出了声。儿童文学能让人的心灵变得纯净。

陈老师跟着学生阅读，仔细地批注每一个章节。她觉得应该让每一个孩子都学会用批注来记录自己的思考，尽管批注很费劲，但为了给孩子们做个好榜样，她咬牙坚持下来了。

通过读童书，陈老师和学生有了更多共同语言。

// 童书，让家中弥漫书香

在书香乐苑的建设中，改变最大的是家长的教育意识，他们开始思考什么是孩子需要的，心思变得细腻起来。俊成妈妈、文欣妈妈陪孩子读《不一样的卡梅拉》，书廷妈妈陪孩子读《蝴蝶·豌豆花——中国经典童诗》，泉博妈妈陪孩子读《小猪稀哩呼噜》……家长们最关心的事情就是孩子们最近在读什么书。

英睿的妈妈在随笔中写道："已经记不起认真地沉下心来读一本书是什么时候了，这次利用暑假我和睿睿一起阅读《李毓佩数学童话集》，重新找回了儿时读书的快乐和满足。"一诺妈妈这样说："陪孩

子一起读书，重新走进学习的氛围，让我重温了孩童时的天真烂漫。”铭阳的家长在亲子共读《我要找到朗朗》一书时，深有感触：“和孩子共同阅读，一起领略故事里的道理，真是一件幸福的事情，我们是在共同成长啊！”

// 童书，引领孩子感受生命的美好

《不一样的卡梅拉》是一套经典绘本，文欣妈妈和俊成妈妈在孩子们读完《兔子坡》的时候，送来了《不一样的卡梅拉》，让他们幸福地阅读卡梅拉的故事，做与众不同的自己。

又是一个午后，一诺在大声地读：“‘皮迪克，我怎么听到有印第安人的鼓声？’‘不！是我的心跳得太快了，因为有你在我身边……’你们看，他俩恋爱了！”

“哈哈，哈哈……”教室里的笑声此起彼伏。

“小广和小婷也恋爱了！”调皮鬼小阳冒出一句。

顿时，小婷羞得满脸通红；小广坐在凳子上，怯怯地看着陈老师。

通过询问陈老师得知，小婷爱帮助别人、回答问题积极、学习成绩好，她常常表扬小婷，因此班里有好多孩子都喜欢小婷，包括小广。

“我最喜欢小婷，是我先与她‘恋爱’的。”听陈老师这么一说，教室里又是一阵笑声。

“老师，你喜欢小婷是因为她表现好，那是老师爱学生，不是恋爱。”梓钧虽不大说话，但总是一语中的。

于是，陈老师因势利导：“从上学开始，我们会遇到很多朋友，大家互相关心，互相帮助，我们和朋友之间的这种美好的感情是友情。每个人都喜欢优秀的人，那么，不妨让自己变得优秀，赢得更多人的喜爱。等我们考上大学后，会遇到特别喜欢的异性，产生像皮迪克对卡梅拉那样的情感，那才是爱情。”

看来，孩子们读书时会将自己生活中的人与故事中的人物联系起来，他们的认识往往会有偏差，教师要及时引导他们感受书中所表达的生命的美好。这样，才能帮助他们形成正确的价值观。

// 童书，让她做个幸福的擦星族

在给孩子们讲故事时，陈老师和他们一起笑、一起哭。好故事给人带来的不仅是美妙的阅读体验，还有对成长的启迪、对人生意义的探寻。换句话说，听故事是开启心智的重要方式。美国艺术家谢尔·希尔弗斯坦说过："总得有人去擦亮星星，它们看起来灰蒙蒙的。"陈老师愿意做一名"擦星族"。

和孩子们一起读童书已经有一段时间了，一开始是陈老师读他们听，然后他们自己读。这样的方式孩子们很喜欢，因为他们愿意偎依在老师身边，蹭蹭老师的衣角，回报她一副笑脸。她也喜欢和孩子们一起与故事中的人物同悲同乐，孩子们软软的小手、软软的身体触碰到陈老师的时候，常常让她觉得偎依在身边的不是学生，而是小时候的儿子。这让她感觉很幸福。

接到市教研室的任务——为潍坊市语文主题学习现场会提供公开课，展示如何向学生推荐经典图书，陈老师很忐忑，不知道平日里给孩子们读书、讲故事算不算推荐书，不知道那样随意的方式能不能登上大雅之堂。但她可以肯定的是，孩子喜欢那样的方式。

接受任务后，陈老师选择了张之路的《傻鸭子欧巴儿》作为推荐图书。她细读文本，精心绘制插图，一遍又一遍地与欧巴儿对话，一次又一次地推敲故事的细节。讲台上，随着陈老师的讲述，一幅幅色彩绚丽的图画展现出来，孩子们进入"翠湖养鸭场"。紧接着是一段故事录音——《鸭子的觉醒》，傻鸭子闪亮登场，孩子们开始猜测它的命运：这样一只傻鸭子被重重地摔到地下会怎样呢？然后一段故事

录音把傻鸭子与肥猪的对话惟妙惟肖地展现出来。吃过洗衣粉的鸭子的命运先由孩子们猜测，然后由陈老师讲给他们听，意想不到的故事情节把他们深深吸引了，只见他们痴痴地盯着她，期待着故事的进展。

陈老师讲到这里戛然而止，接下来是赠故事的环节，陈老师把这个故事赠送给孩子们，请他们自己读。这时候孩子们已经被吊足了胃口，如饥似渴地读着，时不时地笑着……

接下来让孩子们当作家编故事，他们小手举得高高的，仿佛自己真正成了作家，想象的翅膀带着他们飞得很远很远……

此时，课前的忐忑一扫而光，单单看孩子们兴奋的小脸红通通的，下课后不愿离开座位，叽叽喳喳地讨论这只傻鸭子的未来，就知道他们喜欢上了这本书。这样的推荐不就是成功的推荐吗？

学习，源于兴趣

让孩子快乐的秘诀是让他的兴趣尽量地发展。陈老师的语文教学总是别出心裁，妙趣横生，可以激发孩子们的兴趣。

// 呵，我的名字真有趣

到了中午给孩子们讲故事的时间，陈老师拿起刚读过的《青蛙弗洛格的成长故事》之一《找到一个好朋友》，心里想着孩子们随着故事或惊喜或难过的表情，情不自禁地笑了。多可爱的孩子，多纯真的童心，好听的故事就是他们的最爱。

踏进教室，一个男孩向她走来。这个男孩总是有很多好玩的事情要告诉她，比如昨天读过的故事、小姨过生日、爸爸出差……她都会耐心地听完，然后摸摸他的小脸蛋笑一笑，他就会满意地回到座位上，接下来的故事他听得格外认真。多好的孩子！

“老师，我有一个有趣的发现！”那语气，简直像发现了新大陆。

“说说你的大发现。”陈老师故弄玄虚。

“我的名字里有两个偏旁！”他一脸的得意。

“什么？名字里有两个偏旁？”她有点儿没听明白。

“今天您教我们认识了金字旁，那天您教我们认识了立刀旁，您瞧，我的名字中的‘钊’字中既有金字旁，又有立刀旁。”他的兴奋溢于言表。

“哦，真是的，我居然没有发现，你太厉害了！简直就像孙悟空一样有一双火眼金睛。”陈老师的夸奖让这个孩子心里乐开了花。

看到孩子那骄傲的高高昂起的头，陈老师也好开心。忽然她有了一个想法：今天不讲故事，能不能让这个孩子站到讲台上讲讲自己的发现？陈老师和他商量，他居然不答应，他说自己不行，不好意思站到讲台上。是啊，孩子只有六岁，之前他可能没有上过讲台。陈老师鼓励他，说大伙儿都想听听他的发现。终于，他站到讲台上怯生生地开了口，几句话后那种骄傲就又出现了。

“老师，我也想说！”

“老师！我的名字也很有意思！”

孩子们都迫不及待地想与大伙儿分享自己名字的特点，陈老师索性收起故事书，把时间交给他们，让他们同位、小组交流自己名字的特点。孩子们在兴奋的讨论、交流中认识了新朋友，认识了好多生字，他们好兴奋。

哦，原来名字也好玩。

// 呵，这些游戏真有意思

暑假开学后，班上的宜玮神神秘秘地告诉陈老师，教师节那天她会发一份礼物到陈老师的邮箱里去。果然，那天陈老师收到一封邮件，是十段音频文件，打开后才知道原来孩子在暑假里想念学校生活，想念老师、同学，把在家里生活的点点滴滴录成音频资料，取名"天天想你"。

陈老师静静地听，感觉就像沐浴在春天的阳光里那样温暖、幸福。

"老师，今天给你讲一讲我那粗心的小表弟吧。六岁的他去超市买来一袋话梅，高举着说：'姐姐，我请你吃活梅。'哦，活梅？我还是第一次听说这种食品，忙饶有兴趣地放下书，跑过去看，原来他拿的是一袋话梅，他把'话'认成'活'了，他是不是一个粗心的小孩儿？"

"老师，我看电视上说有一些制作米线的不法厂家为了提高效益，竟然在米线里掺杂了塑料，吃了这样的米线，轻则会闹肚子，严重的会有生命危险。这些厂家为了利益居然不顾人们的健康，太可恶了！老师，以后可要少吃米线哪。"

"老师，我家狗狗生宝宝了……"

"老师，我家后山上有一种特别好看的蓝色小花……"

多么温馨的节日礼物！字字流露真情，句句饱含思念。感动之余，陈老师发现这是一种很好的交流方式。在信息技术发达的今天，用这样的方式记录自己的生活，孩子们不是更喜欢吗？于是她请宜玮做介绍，号召大家用自己喜欢的方式记录生活中的发现。

孩子们居然把这种方式发扬开来：学习过《烟台的海》，小组合作用录音的方式做导游；读过一本好书，在家里录好一段推荐语放到学校电子屏上播放；同学过生日，录好祝福语赠送给同学……录音游戏丰富了孩子们的生活，还使他们快快乐乐地学语文。

// 旅游中的 PPT 制作比赛

陈老师喜欢旅游，每到寒暑假她总会约上几个学生和儿子一起出去看看。途中，陈老师要求孩子们用相机记录美的瞬间。回家或途中休息时，她和孩子们进行 PPT 制作比赛。

途中的游戏、车窗外的风景、景点的人物都成为孩子们关注的焦点。要想自己的 PPT 获胜，就需要独特的视角，孩子们观察着、捕捉着、记录着。他们不仅比照片的艺术性，还比配文的精彩程度，一般回家一周后就要展示作品。那一周时间孩子们忙着查找资料，制作作品，那股兴奋、努力劲儿，比写游记高得多。

“因为汽车晚点，我们在建行门口等了一个多小时，我们因结识了新朋友而兴奋得不得了，大家在一起打扑克，一点儿也不觉得无聊。我们显得比大人还有耐心。”这是几个孩子蹲在地上打扑克的照片配文。在 PPT 制作比赛中，孩子们学会了记录独特的感受。

在大连的海边，陈老师和孩子们捡贝壳与鹅卵石，孩子们给照片的配文是：“我们在海边捡石子，我们总对一些有棱有角、奇形怪状的石子爱不释手，而大人为什么喜欢圆圆的、光滑的石子呢？这是不是意味着我们的审美观不同？”孩子们有自己的思考。

孩子们在旅顺口狭小的入海口前留影，旁边的配文是艺术字——“一夫当关，万夫莫开”，好不威风！

…………

这样的经历将成为孩子一生的财富。

教学，成于智慧

有人说，教学是件苦差事，让学生的学习就像搬山，太沉重了。

其实，找个工具，换种方式，换个角度，再做这项工作，或许就会容易很多。陈老师用实践印证了这一点。

// 我要参赛

每个学期学校都会举行写字比赛。陈老师对新接手的一年级写字教学格外重视，从板凳位置的调整到执笔的姿势，从每个笔画的书写技巧到每一个字的结构，从书面的整洁到本子的爱护，陈老师都会手把手地教。尽管孩子们写字不多，每天就三四个笔画很简单的字，但陈老师从姿势的规范、起笔的方法、收笔的效果以及铅笔粗细的适中等不同方面表扬孩子，常常在写字本上工整地写上鼓励的话，甚至会写上："你写得这么好，简直就是一个小小书法家嘛。"孩子们认识这些字，却故意拿着本子问："老师，老师，这是什么字啊？"陈老师笑而不答，孩子们就会自顾自美美地念起来。也有些孩子认真写几个字就拿给陈老师看，他们会扬起稚气未脱的小脸问："老师，您说，我能做个书法家吗？"尽管孩子们的书写有些笨拙，但陈老师不忍打击他们的积极性，总会摸摸他们的小脸，笑着说："当然，书法家小时候还没有你写得好呢。"孩子们总会心满意足地朝小伙伴努努嘴，蹦跳着回到座位上。

这天下午是学校的写字比赛。中午，陈老师接到明芮妈妈的电话，她说孩子发烧 39 度，需要请假到医院去打点滴。陈老师答应了。陈老师正要去监考时，明芮妈妈又打来电话："陈老师，孩子烧得厉害，但哭着坚决不去医院。她说自己写'书''本'最拿手，老师表扬过她，她一定要参加写字比赛，争当小小书法家。我把孩子送到学校了，麻烦您好好照看她吧。"陈老师快步走到教室，看到坐得端端正正的明芮小脸烧得通红，但腰板挺得很直，便走到她跟前，摸摸她的头说："发着烧呢，坚持不了了，就赶快告诉我呀。"明芮用响亮的声音回答："没事，我要好好写字，争当小小书法家。"一副必胜的姿态。陈老师的眼角不禁湿润了。这个孩子入学时连名字都不会写，陈老师曾经手把手地教她拿笔书写。有一次她写"书""本"两个字时，竖画写得挺漂亮，陈老师把她的作业本拿到实物投影仪上投给大家看，表扬过她。从那以后，她每天中午到教室就写字，就是为了在比赛中获得好成绩。谁曾想到，一句鼓励的话，居然对孩子起了这样大的作用，连生病了都要坚持参赛。陈老师相信"写好字"已经成为这个孩子内心的渴望。

// 两个作文本的故事

如何让孩子喜欢写作，可能是很多老师都头痛的问题。陈老师改变了传统的作文评改形式，采用"五步评价法"，运用两个作文本，把修改作文的主动权交给学生。第一个作文本让学生自己评，吸引家长参与作文评改；第二个作文本由学生认真誊抄，教师欣赏鼓励。陈老师在读完学生的草稿后讲评，尤其是对每个孩子的点滴进步大加渲染，把每个孩子习作中精妙的词句制成幻灯片读给大家听。对孩子们习作中迸发灵感的鼓励，唤醒了他们的创作热情。

雨晴在二年级的一篇日记《逛超市》中写了这样两句话："今天，我和妈妈去超市买东西。啊，超市真热闹，就像一片海洋在动。"当时陈老师很迷惑："像一片海洋在动"，这是个什么样的比喻呢？恰当吗？是否该给她纠正？后来陈老师决定对她大加赞扬，尤其是对这句比喻。也许这片动着的海洋是她当时对人潮涌动最直观的感受。呵护她用文字表达自己感受的能力，远比评判比喻句的对与错重要得多。

在这种小心翼翼的呵护中，孩子们放飞思绪，爱上了习作课。他们的作文不再千篇一律，他们在作文课上不再双眉紧锁，作文从乏味的劳作变成了快乐的创造。陈老师与孩子们一起收获着创作的幸福与快乐。

国宁在日记中写道："我越来越爱习作课了，每次作文都能快速、轻松地写完，而且常常得到老师的表扬、同学的赞赏，自信心和自豪感与日俱增，内心的喜悦是不言而喻的。每一次作文，对我来说，都成了一次快乐的体验。每写完一篇文章，我心里总是乐滋滋的，感到自己做了一件有意义的事。"

"喜欢文字的女孩，注定是乐观的、阳光的。"这是玮的妈妈为女儿的第一本习作集《玮的文字》写的序中的话。玮喜欢写作，到小学毕业，她做了四本习作集，收录了从小学二年级的信手练笔到六年级的所有成功习作近百篇。

// 阅读方法指导使蓓蕾初放

陈老师指导学生读整本书，一般要经过几个来回。

快速浏览读。新书一到，让学生先读书名、副书名、目录，然后看封面图片、内页插图、作者的序言、摘要介绍以及书后的评论等，或者从目录中寻找自己感兴趣的章节浏览。十几分钟往往就可以让学生了解一本书的大致内容。这很好地培养了学生的快速阅读能力。

畅快淋漓读。这是教室里最安静的时刻，大家迫不及待地读故事，仿佛一棵棵树苗吮吸甘露。这时陈老师既不要求他们做笔记，也不要求他们写心得、做批注，因为一口气读完一个故事是一件痛快的事情。全身心投入地读可以让孩子们活在故事的世界里，参与故事中事件的发生。读《屋顶上的蓝星》时，孩子们边读边哭，有时又笑起来。这时，他们已经敞开心灵，走进书中。

心灵相通读。一番畅快阅读之后，就要对书的内容做一个回顾。陈老师有时会提出书中的一些重要话题，让孩子们带着话题阅读。故事梗概、主要情节、重要角色、场景、关键细节、主旨等，陈老师引导孩子们去感受或关注它们，并做出自己的评价。这个环节，孩子们通过批注、填写读书交流卡等形式记录读书成果和体验。陈老师在整理孩子们读书成果和体验的的基础上，认真设计读书交流会。

展示交流读。根据孩子们在个性阅读中的独特感悟设计班级读书交流会，让他们就自己感兴趣的话题及有关章节交流碰撞。这时，孩子们真正走进书中，走到书外。

在实践中，陈老师摸索出了五种基本课型：推荐读物课、阅读方法指导课、个性阅读课、展示交流课、阅读欣赏课。这五种课型有效提高了孩子们对整本书的把握，教给了他们阅读方法，提高了他们的阅读能力。

陈老师清楚地记得她和孩子们阅读《柳林风声》时那难忘而美好的时光。

发书后，陈老师引导孩子们从书名入手猜测书的内容，引发他们的好奇心；引导他们读前言、知作者，把一本书读薄；引导他们做批注，理解书中人物的内心世界，与其产生共鸣；引导他们联系自己的生活实际，体会人物的思想感情，把书读厚；等等。在不知不觉中，下课铃响了，孩子们意犹未尽，他们不再跑跳打闹地乱作一团，而是如饥似渴地阅读《柳林风声》。每天课间，他们或安静地看书，或悄悄地议论，鼹鼠的好奇、河鼠的热情、蟾蜍的自以为是……他们看着，笑着，有时他们会分享蟾蜍的可笑举动。陈老师和孩子们一起读，一起笑。

一次，在语文课上，陈老师随手翻看孩子们桌子上的《柳林风声》，她感到震惊：每一页上都有密密的批注，有的从文字优美的角度批注，有的从情感共鸣的角度批注，有的从自己生活的角度批注，虽然文笔稚嫩，内容浅显，但情感是真实的。她没有想到平日里要求孩子们不动笔墨不读书，现在他们养成了习惯，居然将它运用到课外阅读中了。孩子们在这样的阅读中一定会有更大的收获。

// 激励、督促催开幸福之花

陈老师经常对整本书阅读进行检查、督促、评价，及时发现典型，组织孩子们交流，扩大影响，尤其是定期评选“读书之星”“书香家庭”，起到了很好的推动阅读的作用。她还设计了阅读存折，对学生的阅读过程进行评价。

①读书习惯评价。家长在作业后签每天读书半小时的证明条者奖励 1 个点，以此激励孩子们保证阅读时间。每读完一本书，家长签字证明后，教师就那本书提出三个问题答对两个以上者，在其阅读存折上记 5 个点。

②图书选择评价。所读图书是经典或超过 150 页的科普读物者，在基础奖励的基础上加 2 个点。所读图书属于快餐式读物者，只得基础奖励 2 个点。以此鼓励学生阅读经典书。

③阅读与运用评价。读完一本书，并写一篇超过 400 字的读后感者，奖励 5 个点。作文被当范文在班级内交流者加 3 个点。积极参加学校组织的作文大赛者加 5 个点。习作在校级以上大赛中获奖者加 10 个点。

④影响力评价。能带动家长、同学读书，家长、同学有感言并形成材料者加 5 个点。阅读存折上满 30 个点及以上者被评为本学期的“读书小能手”或“书香家庭”。

⑤背诵经典评价。积极进行经典诵读，每背会一首古诗 (词) 加 1 个点。

⑥终结性评价。由低分到高分依次评价为学士小读者、硕士小读者、博士小读者，他们各两级，共六个等次。阅读存折上满 200 个点者晋升为高一级读者，换领新存折续存。达到二级博士小读者的孩

子，可以到学校阅览室自由借阅图书。

这样的激励性评价措施既稳定又灵活，由师生共同制定，有时也根据孩子们的阅读实际进行调整。孩子们自己制定措施，自己遵守，参与阅读的主动性大大增强。

有人曾说过：“花儿遇到了春天，没有不绽放的理由。”有共读的书，有共读的时间，有科学的方法指导，有交流碰撞的场合，有深入人心的激励措施，在这样的氛围中孩子们想不读书都难。书香就这样慢慢弥散开来。

// 被颠覆的课堂

开学后孩子们的课堂听讲效果不错，预习已经成为他们的习惯，预习质量也不错。学习《三亚落日》一课前布置大家预习。

这篇文章用很美的文字描写很美的景色。陈老师精心备课，查找了很多资料，准备好好讲讲这节课。

上课后，孩子们照例读课文，默写生字；陈老师了解学生的预习状况。三名学生上台默写生字，全部过关。接下来孩子们交流预习体会。

第一个站起来发言的是龙雨，他上学期进步明显，对课文常常有自己独到的见解。“我非常喜欢《三亚落日》，以前读过很多文人墨客描写的落日，但大多写得很伤感，比如元代马致远的《天净沙·秋思》中写道：‘枯藤老树昏鸦，小桥流水人家，古道西风瘦马。夕阳西下，断肠人在天涯。’它描绘的画面是夕阳即将落下地平线，远方一匹马上的行人在孤独地赶路，但路途遥遥，不知所向。那种凄冷、悲凉的感觉跃然纸上。唐朝刘长卿的《秋日登吴公台上寺远眺》中‘夕阳依旧垒，寒磬满空林’，写出旧日辉煌的场所如今十分凄凉。宋朝范仲淹的《苏幕遮》中‘碧云天，黄叶地。秋色连波，波上寒烟翠。

山映斜阳天接水。芳草无情，更在斜阳外。黯乡魂，追旅思。夜夜除非，好梦留人睡。明月楼高休独倚。酒入愁肠，化作相思泪’，写出夕阳下的相思愁苦凄凄连绵，让人感到沉重、无奈。而本文作者则反其道而行之，将夕阳比作‘调皮的孩子’，在海面上跳跃着，让我觉得非常妙，我更喜欢有如此生命力的落日。可能作者观察到过孩子玩耍一天后红扑扑的脸蛋，并体会过他们不愿回家的心情，这样的比喻多么贴切！”龙雨的回答赢得了阵阵掌声。他特别喜欢古典文学，他的旁征博引往往让同学们佩服得五体投地。

宜玮迫不及待地发言：“我更喜欢落日像个孩童，是因为这个孩童懂得与人分享，如果单单是一个不愿回家的孩子，是不会那么讨人喜欢的。他的可爱之处在于，天和海都被他的笑颜感染了，金红一色，热烈一片。那么富有感染力的孩子，把自己的快乐与海和天分享，大家才那么喜欢他，不舍得他离开。”宜玮是我们班里一个可爱的女孩，那么宽容，那么友好，总喜欢与人分享她的快乐。读书时她有自己的价值观，读出了自己的精神世界，这才是读自己的书。

看到林立的小手，陈老师决定自己不再啰唆，而是给孩子们机会谈他们的感受：“跳水运动员一样的落日技艺真高超，没有溅起一点儿水花，我可做不到。”“大红灯笼般的火球在海面上就像跳蹦蹦床，那张床一定特别舒适，我都想试一试。”……陈老师真的不用再说什么，孩子们读出了自己的落日，优美的语言征服了他们，他们争相背诵自己喜欢的语句。没想到孩子们对写景类文章有这样深刻的共鸣。

孩子们的发言颠覆了陈老师的备课，同时颠覆的还有传统的教学方式。让孩子们成为课堂的主人，静静地等待，陈鸿老师听到了花开的声音。

张云杰

人·物·印·象

张云杰，山东省青州云门书院双语学校语文教师。特级教师，山东省教学能手，青州市专业技术拔尖人才。

说起他，我首先想到的一个词是『专注』。他从未停下前进的脚步，他有极高的自我要求和自我期许，用自己的行动诠释着专注的力量。他深爱着语文，在语文教学的天地里孜孜耕耘。走进他的课堂，你首先想到的是『大道至简』、设计简约，课件简单，就连他的话语也那样简洁，那样妥帖自然。

梁启超先生说过，无论是“自拔于流俗”，还是“做青年的人格模范”，都意味着一种极高的自我要求与自我期许。从某种意义上说，具有这种特质的人，才可能是真正的专注者。因为对他人和外物的专注，无非是对自我要求的一种延伸，而只有自我要求极高的人，才能做到真正的专注。

初见张云杰老师，我觉得他就像个文静的大男孩，但我发现他一走进课堂，便焕发出过人的光彩，展现出无限的活力。正是凭着对语文教学的专注，他在“三原色”语文教学这方天地里，产生了强烈的专业自省，成为语文教学的“明白人”。

就这样与“三原色”结缘

和很多语文老师一样，张云杰老师也有过困惑和迷茫。

他教了 20 年语文，用他自己的话来说 —— 始终没有快乐可言。直到有一天，他找到了“三原色”，找到了属于自己的教育生活，理想才开始在教室里生长。

师父于永正给他写了八个字 ——“为学日增，为道日简”，他把师父的字挂在办公室里，认真品读。他还细细琢磨师父笑着对他说的那句话：“云杰，你太像个语文老师，你的课太像课了！”

语文到底该怎样教？经过反复思考，他认为，小学语文教学不需要太多理念，关键在于引导学生以平和、宁静的心态读书。他坚持教学生一生有用的语文，培养学生热爱语文的情感，教给学生学习语文的方法。他认为语文教学追求的理想境界，就是为学生终身学习、未来工作和幸福生活打下良好的基础。简单地说，教学就是课程、教师、学生三者之间的美丽协奏。

他想到了美术中的“三原色”。红、黄、蓝三种原色，可以调配出各种色彩。语文教学也应该有自己的原色和本色，要以课程本色、学生本色、教师本色“三原色”为基调。语文教学要坚守自己的学科本位，应围绕提高学生的语文素养这一目标，研究学生的年龄特点、认知规律，解读课程标准，研读教材。这样，教学方能有效。学生是语文学习的主体，以学定教，让学生学会自己学习语文，是语文教学的黄金法则。教师要在自我修炼中不断提升教学艺术，才有可能上出有特色的语文课。

张老师就这样与“三原色”语文教学理念结缘。他在日记扉页上写下这样一段话：

> 孩子，给你三原色，让美丽的文字，演奏出生命的交响曲。简单的色彩，可以涂抹出最美丽的画卷……最美的，属于你们！
>
> 老师，给你三原色，让语文的琴键，奏响华丽的乐章。简洁的方法，可以演绎出最真实的课堂……最好的，属于我们！

张老师追求的是一种有意义的教育生活，简单而充实，真实而不失热烈，他对“三原色”语文教学的追求充满了感性色彩，但一经起步便始终不渝地让它在课堂上生长。

和学生一起聆听语言之美

这是一节六年级的语文课。

…………

师：孩子们，此时你们最期待的是什么？

生：听《月光曲》！

师：如果我是音乐老师，如果我上的是音乐课，马上就可以满足你们的愿望。可是，我是语文老师，我们上的是语文课，应该用语文的方式听这首曲子。请同学们听老师读课文，一边听，一边想：你听到了怎样的旋律？你是从哪些词句中听到的？

“他好像面对着大海……一个连一个朝着岸边涌过来……”

张老师深情的朗诵，把学生带入了课文描绘的意境中。

他相信，最美的语文教学方式是朗读，语言的美感需要通过聆听才能体会。

他说：“语文教学首先应让学生感受到语文是美丽的、语文是充满魅力的，让他们喜欢上语文这个工具，心甘情愿地接触并使用这个工具。喜欢，是不能强加的。我们时常抱怨孩子不喜欢读书，那是因为他们没有感受到读书的乐趣，没有感受到文字的美丽。”

他想到了古代的读书人：“三更灯火五更鸡，正是男儿读书时。”正是人与书的特殊情感，成就了他们出口成章、下笔成文的才华。

他研究今天的学生：电视、网络、动漫……吸引他们视线的东西太多了。要把他们的视线拉回到书上来，就要用语文美的因素唤醒他们对文字的痴迷与热爱。

他关注母语学习的特点：我们对语言的学习首先始于听觉。早在咿呀学语之前，我们就已开始学习语言。许多老人从没进过学校，却能在生活中巧妙使用语言工具，他们的语言学习主要是通过听说互动实现的。从这一角度看，听是人类认识语言、学习语言最重要的渠道。

他回忆自己的童年：看着异彩纷呈的小人书走进学校，听着半导体收音机里的评书进入梦乡。那时的自己，不懂得语言是什么，却在不经意间爱上了它。他喜欢听妈妈讲故事，因为妈妈讲述时绘声绘色，娓娓道来；他爱看历史故事、现代战争类小人书，因为学了小人书里英雄的语言，就可以在平时的游戏中用上；他喜欢听刘兰芳的《杨家将》、袁阔成的《三国演义》、单田芳的《明英烈》、王刚的《夜幕下的哈尔滨》，他们个性十足的声音让人印象深刻，一句“欲知后事如何，且听下回分解”使人牵肠挂肚。日日聆听，夜夜相守，语言的美点点滴滴渗透进心灵。这些就是张云杰老师最初感受到的语文之美。

他发掘语文教材中美的因子：例如，《开国大典》《搭石》中催人奋发的社会美，《桂林山水》《鸟的天堂》中赏心悦目的自然美，《新型玻璃》《呼风唤雨的世纪》中启迪才智的科学美，《苏州园林》《颐和园》中匠心独具的艺术美……捧读一篇篇美文，令人如行山阴道上，目不暇接，美不胜收。

于是，他也想带领学生从有声的“倾听”转为心灵的“聆听”，去发现语文的美丽，感受语文的魅力。

不做“指挥学生头脑的手”

老舍先生的《草原》，是多么美的一篇文章，可教学这篇文章时，学生怎么也走不进去，他们木讷的面容、呆滞的神情，让张老师感到无奈：自己精心设计的课堂，为什么引不起学生的兴趣？

下课的时候，他灵机一动，布置了一篇日记——《课堂上，我为什么不举手》。

第二天，他迫不及待地打开了学生的日记本。

老师，学习新课的时候，您老是关注那些学习好的同学；检查复习的时候，您又把目光对准那些学习成绩差的同学。假如我举手，您会提问我吗？

无论如何，老师总会给我们正确答案，我们只关注答案就行了！

我们能有什么问题？问题总是老师问的，同学们回答了一大通，最后还都由您来总结。

…………

读着学生的心里话，张老师陷入了沉思：语文课到底怎么了？低年级学生在课堂上小手不停地举，小嘴不停地说，下课后还围在老师身边问个没完没了。可是，随着年级升高，举手的越来越少，以至于初中、高中课堂上往往出现静悄悄的局面。怎么会这样？

他开始反思自己的课堂。他发现，课堂上大多数学生的重要工作是记笔记，越到高年级越明显。结论都是老师归纳、提炼出来的。几乎每篇文章的中心思想、课后练习答案都是老师讲授，学生耳听、笔录。他感叹："原先经常责怪学生不听话，现在才发现他们那侧耳细听、奋笔疾书的态度是那样的顺从，他们那专注的眼神总是盯着笔尖，甚至他们都没有时间抬起头来看看老师。所有的东西都被淹没在无声无息的记录中了。这样的课不是语文课！"

他要打破僵局，带领学生读出声来。

他想到了自己高中时的班主任冯世民老师。冯老师站在讲台上领着学生读《琵琶行》："同是天涯沦落人，相逢何必曾相识……"情动于衷，泪眼潸潸。直到今天，冯老师教学生朗读课文的情形还深深地印在张老师心底。

他决心不再做“指挥学生头脑的手”，他要带领学生感受语文的魅力，聆听尘封在文字里的声音。

他坚信，从小受过严格朗读训练的学生，长大后提笔写作时，读过的那些书就会在他的耳畔萦绕回响。

// 发现课程学习的秘密

张老师不会忘记他给淑宁同学当“学生”的那节课。

那节课，他给刚接手的四年级学生上作文课“学会观察”。在学校里，张老师是出了名的“作文名师”，学生特别喜欢听他的课。为了给新学生留下好印象，课前他精心做了准备，从观察的重要性到观察的方法一一详细讲解，光观察方法就介绍了七种：眼看、脑想、口问、耳听、鼻闻、舌辨、手摸。课堂上，他把精心准备的内容和盘托出，满以为一节好课即将诞生，突然一名女生把手高高地举起来。

“张老师，你讲的写作方法很好，可我们还是不太会用，你应该讲几个例子！”

此话一出，全班哗然。学生在课堂上公然指出老师的毛病，张老师还是第一次遇到。他平复了一下情绪，快速地从座次表上搜寻这个不同寻常的小姑娘的名字——淑宁。

“例子？”他急中生智，面带微笑地说，“淑宁，你选一个例子，结合老师讲的写作方法，讲给大家听，可以吗？”

“我……我试试！”迟疑了片刻，淑宁答应了。

“好，下面请淑宁来给大家举例说明。”张老师静静地坐到了淑宁的座位上。

淑宁走上讲台，打开了自己的日记本，读了一篇自己的日记，然后结合日记里的句子，把张老师提到的“观察七法”讲得头头是道，使理论与实际完美地结合在了一起。张老师惊讶地睁大了眼睛，带头鼓起了掌，然后宣布：“从今天开始，淑宁就是班里的作文助教了！”

张老师再也不敢小觑眼前这一个个生命。只有充分相信每个孩子，用真情拥抱每个生命，课堂上才会阳光灿烂。

站在思维的新起点上进行反思，张老师看到了语文教学的本质。他在课堂上尝试着改变，在阅读中不断反思。一次，他读《芬兰教育全球第一的秘密》，仔细品味着“芬兰不败”的原因：

1. 见树又见林，先见林，再见树。激发孩子们的学习兴趣，让他们对整个学科的“森林”有所了解，远胜于让他们对一棵棵“树”的细部知识一磨再磨。

2. 人生是场马拉松，不是需要赢在起点的百米冲刺。学习，不是为了夺冠军、争第一，而是为了培养终身学习的能力与习惯。

3. 不做起点不公平的较劲。所有的评估与考试都是为了让学生知道应该从哪里改进，找到努力的起点，而不是为了给孩子挫折和惩罚。

张老师在比较中思考，并努力寻找教与学的真谛。

教与学的最终目的是什么？是为了让学生“具有终身学习的愿望和能力，掌握适应时代发展需要的基础知识和基本技能，学会收集、判断和处理信息，具有初步的科学与人文素养、环境意识、创新精神与实践能力；具有强健的体魄、顽强的意志，形成积极健康的生活方式和审美情趣，初步具有独立生活的能力、职业意识、创业精神和人生规划能力；正确认识自己，尊重他人，学会交流与合作，具有团队精神，理解文化的多样性，初步具有面向世界的开放意识”。

语文教学改革，最重要的就是要改变教学观念，打破课堂上“围着教材转”“重复机械训练”的低效模式，着眼于整个学科“森林”，满足学生对课程多样化、个性化的选择需求。要着眼于模块或专题的整体设计，有机整合知识与技能，过程与方法，情感、态度与价值观三维目标，将之融入教学实践；要研究自主、合作、探究学习的组织实施策略和方法，注重培养学生的独立思考能力、创新能力和实践能力，让每个学生都能获得全面而富有个性的发展。

简约的课堂散发着浓烈的语文味儿

张老师认为，朗读是语文学习的基本功，书声朗朗本身就是语文味儿的重要体现。从读正确、读通顺到读懂、读流利，再到读出感受、读出味道，不断地朗读体味，才会感受到语文独特的魅力。

在课堂设计中，他总是尝试着从学生的视角走进文本，选择恰当的阅读方式，研讨学生感兴趣的问题；总是尽量为学生创设更多直接与文本对话的时间和空间，把学习主导权交给学生，激发、调动学生学习的积极性，让学生有自主学习的时间，使学生能够广泛参与、积极思考、亲身实践、勇于交流。他归纳出了三步阅读程序。

一读，让学生读通顺，读流利。让学生边读边听自己的声音，读得文通字顺，为下一步的感悟做好铺垫。

二读，让学生读出自己的感受。他不希望学生的阅读体会最终都归结到老师的“标准答案”上，而是让学生充分参与到文本的阅读中，真正有所感受。

三读，老师把自己的感受读出来和学生分享。用充满激情的朗读把学生带入文本情境中，引发他们思想、情感上的共鸣。

之后，他引导学生把这种共鸣落实到语言文字上——知晓哪些语言文字激发了自己的情感，如何运用语言文字这个工具来表达思想情感，什么样的语言文字才值得追求、效仿。循着这样的目的，他引领学生一次又一次读进去，走出来，品味语言，感受阅读的魅力，习得语言的真谛。

教授《自己的花是让别人看的》这一课时，张老师是这样实施教学的：

师：别人看到的花是怎样的？请大家好好读一读，用心聆听自己的声音描述了怎样独特的一片异国风光。

（学生自己初读课文）

师：请你为全班同学读一读，其他同学闭上眼睛感受一下，她的朗读让你仿佛看到了什么。（一名学生朗读，其他学生想象、感受）

生 1：我看到了窗外很多的花连成一片，就像是花的海洋。

生 2：我看到了百花竞相开放，五颜六色，异常美丽。

…………

师：是啊，那么多的花连成一片，就是——花团锦簇；那么多的颜色光彩夺目，就是——姹紫嫣红。听着你们说，老师想起了一段话——

（投影出示朱自清《春》的片段）

桃树、杏树、梨树，你不让我，我不让你，都开满了花赶趟儿。红的像火，粉的像霞，白的像雪。花里带着甜味儿；闭了眼，树上仿佛已经满是桃儿、杏儿、梨儿。花下成千成百的蜜蜂嗡嗡地闹着，大小的蝴蝶飞来飞去。野花遍地是：杂样儿，有名字的，没名字的，散在草丛里，像眼睛，像星星，还眨呀眨的。

师：谁来读一读？老师给他配上音乐。

（一名学生站起来，非常投入、忘情地读起来）

师：这样的感觉，用上这篇课文里的词就是——花团锦簇、姹紫嫣红。能读出你感受到的美吗？谁再来试一试？

（另一名学生再次朗读）

《自己的花是让别人看的》语言质朴，对花的描绘只用了“花团锦簇”“姹紫嫣红”两个词语，单凭课文词句的解析很难激发学生的情感。张老师引入朱自清先生的优美语言，拓展、丰富了文本的意象，深化了学生的理解和感受，有效地培养了学生的感受、理解、欣赏和评价的能力。

受到经典语言浸润过的学生，必定会拥有一个美丽的心灵世界，他看月亮就不再仅仅是月亮，还会看到嫦娥，看到吴刚，想到“明月几时有，把酒问青天”“但愿人长久，千里共婵娟”，他的身上会有诗的气息。

张老师是一位懂得欣赏语文之美的教师。他知道，感受语文之美，能改变人的精神、气质和品性，使人不再自甘平庸。

朱永新先生说：一个教师不在于他教了多少年书，而在于他用心教了多少年书。正是因为对语文、对课堂如此专注，张云杰老师在追寻“三原色”语文教学的路上，才会看见不一样的风景，才会走出一条不同于常人的路。

CITYLIFE
CREATION

从学科教学到学科教育

付晓萌

人·物·印·象

付晓萌，山东省潍坊高新国际学校语文教师。山东省教学能手，潍坊市首届十佳青年教师。

初见她，便觉一股优雅、清新、知性、亲和之风扑面而来：一头乌黑的长发，或散开或扎起；一袭素雅的旗袍，典雅而富有韵致。与她交往，你会感到一种『清水出芙蓉，天然去雕饰』的小自然、一种『行到水穷处，坐看云起时』的小自在、一种『去留无意，漫随天外云卷云舒』的小自我。

付晓萌老师出生于教育世家，她的祖父的祖父曾任滨州学政，父亲生前是一所中学的校长。而且，父亲是语文教师出身，家庭氛围的熏陶让她对语文情有独钟。

一位友人曾经这样评价她：她有一种“清水出芙蓉，天然去雕饰”的小自然，有一种“行到水穷处，坐看云起时”的小自在，还有一种“宠辱不惊，闲看庭前花开花落”的小自恋，更有一种“去留无意，漫随天外云卷云舒”的小自我。朋友们戏称她为“闲云野鹤”。

一个人一生总少不了一个舞台，晓萌老师的舞台很小，是三尺讲台。就在这小小的三尺讲台上，她已足足站了二十八个春秋，因为她爱孩子，爱教师这个职业。她不擅仕途，有过三次辞官经历，她是为小学语文教育而生的。这不，已年届知天命的她开始了“立人教育”的新征程，开始了她从学科教学到学科教育的美丽蜕变。

晓萌老师从全面育人的角度实施自己的“立人教育”，实现了六个突围。

站稳儿童立场，营造有爱家园

儿童充满想象力，需要与玩相伴，与梦同行。因此，呵护童心、爱护童真、保护童趣，给孩子们一个有意思、有趣味的童年，和他们站在一起，捍卫他们的童年，是晓萌老师不变的坚守。

晓萌老师认为，教育的核心就两个字：一个是“爱”，一个是“慧”。教育与“爱”相生，一份真爱，可以促成情感、态度与价值观目标的达成，起到“育”的作用；教学与“慧”共融，一份智慧，可以促成知识与能力、过程与方法目标的达成，起到“教”的作用。

阅读晓萌老师和孩子们的随笔，你会感受到爱的流淌。

来自孩子们的温暖

我愿意在落日的傍晚，斜依窗棂，眺望远方，看那依稀模糊的房子、灯光、树、人、影、车……在柔柔的春光里，在时光的匆匆里，我开始了一个人的怀想。

记忆如缓缓打开的画卷，五彩斑斓的颜色涂抹成生命中绝美的花园。我在温暖中历数着过往，一种柔软的感动与幸福幻化成思维的翅膀。

还记得有一段时间，由于工作中的种种原因，我心情不佳，但我仍然像往常一样走进教室，开始我和孩子们每天例行的一日一句。楠儿说："幸福的时候，我们要感谢生命；艰难的时候，我们同样要感谢生命。"驹子说："眼泪的背后是眼光，因为泪水，眼睛才显得愈加清澈。"霏儿说："逆境，对强者来说，是磨炼意志的天堂；对弱者来说，则是地狱……"我知道，孩子们的话不是针对我说的，但我却从中汲取了前行的力量。谢谢你们！孩子们，你们也是我的老师！

还记得一天中午，岳儿悄悄地走进我的办公室，告诉我："付老师，君儿妈妈的医院里有一个女孩得了脑癌，急需钱动手术，我俩和瑶儿、珂儿去佳乐家为她募捐了，还募得了200元钱呢。对了，付老师，我还告诉她，我们的语文老师是全国名师，改天我请她来给你补课。付老师，你能去吗？"听了岳儿的话，我怔住了：也许，在很多人眼里，我很渺小，很卑微，无足轻重，无关紧要；但在我的孩子们的心目中，我是优秀的。当时，我的眼睛湿润了……我对岳儿说："好的，没问题。改天咱俩一起去看她！"于是，我和岳儿带着礼品，带着我和儿子捐的钱去看望了那个小女孩。

那天，我从岳儿她们身上读懂了大爱；我从那个小女孩和她母亲的眼神里读懂了生命的脆弱与坚强，读懂了生命与生命间的相互支撑。爱人戏言：“付晓萌，你被你们班的学生‘绑架’了！”我想，我是被我的学生幸福地“绑架”了，我愿意！

还记得我去青岛市市南区实验小学上观摩课时，珂儿小大人似的嘱托：“好好讲，付老师，你是最棒的，我看好你哟！”还记得参加市优质、高效课堂评选前夜，含儿给我发来短信：“付老师，请放心，明天的公开课上你就瞧我们的吧。”还记得一次期末考试前的晚上，懿儿给我发来短信：“付老师，我已复习好了，明天一定考个最好的成绩献给您！”

还记得那天，不经意间，我发现办公桌的报纸一角上，不知是哪位同学，用红笔赫然写着：“付老师，请记住多喝水！”感动之余，我在班上大发感慨：“咱们班的女生啊，就是付老师的小棉袄！是谁在报纸上用红笔写上让付老师多喝水的？”话语刚落，那个红着脸的男生恒子应声而起，全班爆笑……

还记得那个说长大了要带我去九寨沟和迪士尼乐园游玩的蒙子和音子，还有每天为我忙活的课代表们……

孩子们，谢谢你们！与你们相伴走过的点点滴滴都是我最温暖、最难忘的记忆。

——节选自晓萌老师的随笔《春光里的怀想》

写给你们——我的学弟学妹们

我不知道你们姓甚名谁、家居何地，也不知道你们此刻正在想什么、做什么。但是我知道，缘分会让我们——你们的师哥师姐们感受到你们：和你们共同享受春日惬意的暖阳，一起去看晚霞那妖娆妩媚的余光，一起乘着小舟，托清风捎上最炽热的祝福，让流云分享我们无羁的芬芳。

不知是该祝福你们，还是该嫉妒你们——祝福你们将碰上世界上最好的老师之一——付老师，嫉妒你们可以陪在她身边，而我们只能默默地思念。我们毕业了，意味着我们将离开我们舍不得的付老师，如果你们有幸遇到了她，请记住替我们好好爱她。

也许，你们会问：为什么付老师在你们心中那么重要？告诉你们，这是因为她的民主、她的与众不同的个性。她永远是我们的坚强后盾，她愿意站在我们的角度，愿意和我们站在一起。付老师的语文课，绝对不是墨守成规的那种。她的花样层出不穷，她的搞笑幽默是她在任何状态下都会表现出来的，哪怕再累再苦，在我们面前，她永远都是那么风趣。付老师的语文课堂，永远是我们畅所欲言、异想天开的秀场，只要你站起来大胆陈述你的想法，不管答案是对的还是错的，付老师永远都会为你露出漂亮的象牙白。在语文课上，你回答问题不需要举手。“站起来说！”纤纤玉手轻轻一摆，成了付老师最经典的招牌动作。

——节选自学生的随笔《写给你们——我的学弟学妹们》

爱只能用爱来交换。让心灵体验心灵，用尊重赢得尊重，在爱中享受被爱，在被爱中学会爱。类似这样的爱的故事，在晓萌老师和她的学生中还有很多很多，并且正在温暖地继续……

构建“五自”课堂，实施自主教育

人唯有自由，才有创造。晓萌老师所在的潍坊高新国际学校，把“创办自主学校，倡导自主教育，培育自主学生”作为办学目标。为此，晓萌老师和她的语文教育中心团队创建了体现自由之精神、独立之思考的“五自”课堂。

在课堂上，晓萌老师从不“诲人不倦”，她总是让孩子们自己去悟，因为只有自己悟出来的，才是根植于内心的；她从不“助人为乐”，她总是让孩子们自己动手，因为只有老师成为“小草”，孩子们才有可能成为“大树”。她坚守“国家至上”——做有民族魂的人；她倡导“言行一致”——做最真实的人；她践行“爱憎分明”——做最正直的人；她主张“异想天开”——做最具创意的人；她恪守“方圆之道”——做最守规则的人；她捍卫“儿童立场”——做孩子们最贴心的人……还是让我们到她的自主课堂上去看一看吧。

// 自然的课堂

“宁愿不精彩，也要真实”，这是晓萌老师的课堂教学原则。在她的课堂上，你会看到学生凝神思考的表情，老师精当、适时的点拨，师生间、生生间激烈的思维交锋，还有柳暗花明后的灿烂笑颜……那份真实、那份自然、那份和谐，让每一个人都能感受到学习的惬意。

// 自主的课堂

晓萌老师的自主课堂强调双自主，不是仅仅学生自主，而是师生都自主。从学习目标的确立、学习内容的划定、学习方式的选择、学习进度的规划到学习流程的设计、学习经验的总结、学习成果的展示等，都是以学生为主、师生共同完成的。在这里，师生都是主体，都是主人。遇到问题，不等不靠，独立思考，已经成为晓萌老师的学生的学习习惯。

// 自由的课堂

晓萌老师的课堂上，始终洋溢着一种平等、民主、开放、自由的座谈式学习氛围。这样的氛围，允许学生争论，允许学生出错，允许学生挑战教材，允许学生反驳老师，允许学生保留意见，允许"师不必贤于弟子"……更多的时候，是学生在讲，老师在听。这时，老师既扮演"学生"，又扮演"专家"。只有学生遇到困难需要帮助，"专家"才会挺身而出。在这里，师生都是自由而放松的，孩子们释放着他们的天性，快乐学习已不再是奢望。他们在课堂上表现出的昂扬向上的精神风貌，自主自信的学习、探究欲望，以及敢于质疑问难，不唯师、不唯书的学风，充分显示了自由课堂的价值。

// 自在的课堂

晓萌老师追求有意思的学习生活，并力求在这一追求中实现有意义的教育。在她的课堂上，你可以自由发言，不用举手；你可以自由上厕所，不用报告；你可以自由喝水，不用申请；甚至你还可以伸个懒腰，打个小盹儿……总之，你是自在的。

// 自律的课堂

没有规矩，不成方圆。与传统的规矩不同，晓萌老师的课堂上的所有规则都是孩子们参与制定的。每一项规则，都得到了孩子们的认可。比如，迟到了自己罚站；没完成作业，自动放弃玩的时间补上等。教育是需要自我惩戒的，惩是手段，戒是目的。

下面是晓萌老师的一节语文课。

课上，晓萌老师正在和孩子们交流《寓言两则》的寓意。

“《掩耳盗铃》给了你怎样的启示？谁来谈谈？”晓萌老师抛出了话题。

一个学生说：“捂住耳朵偷铃铛，真是自欺欺人。我们不能做那样的人。”

另一个学生说：“他只捂住了自己的耳朵，又没有捂住别人的耳朵，别人照样能听见，他太傻了。”

按理说，学生的理解比较到位，就此结束本环节顺理成章。但抱着尊重学生的态度，晓萌老师又继续提问：“谁还有不同的意见？”

又一个学生不屑地说：“这个人太愚蠢了，用棉被把铃铛包住，再用剪刀剪断，不就行了吗？”

很显然，这个学生的话里隐含着一个有价值的信息，如果晓萌老师断然否定他或者不做任何处理，就不会有下面的精彩。

晓萌老师接着说：“说得好，有创意！但这样就行了吗？谁有不同的想法？”

一石激起千层浪，孩子们畅所欲言。

有的说：“一次能蒙混过关，下一次不一定就不被抓住。”

还有的说：“多行不义必自毙。”“躲得了初一，躲不过十五。”“要想人不知，除非己莫为。”“法网恢恢，疏而不漏。”等等。

多么精彩的发言，多么开阔的思维！经过这样一番唇枪舌剑，学生对《掩耳盗铃》的理解深了、透了、广了。

有了以上理解做基础，学生在理解《守株待兔》的寓意时，思路就更开阔了，请听孩子们精彩的发言。

有的说："侥幸换不来成功，成功要靠劳动获得。"

有的说："天上是不会掉馅儿饼的。"

还有的说："一分耕耘，一分收获。""幸福生活不是靠等待得来的，是靠创造得来的。""想不劳而获，坐享其成，是痴心妄想。"

…………

这样的课堂给孩子们提供了"海阔凭鱼跃，天高任鸟飞"的思维平台，使他们敢于真实地表达自己个性化的思想。真实，是教育的起点，没有真实，教育就无从谈起。正是因为孩子们这种真实的个性化表达，课堂上才会呈现出一场场不曾预约的精彩，从而真正实现学科教学与学科教育的双赢。

引入教育戏剧，搭建展示舞台

为了在学科教学中实施立人教育，晓萌老师在北京十一学校黄娟老师的引领下，把教育戏剧引进了语文课堂。教育戏剧运用戏剧的手法对学生进行教育，它以教育为目的。在教育戏剧表演中，她特别强调"真"字，大力倡导表达真实和真实表达。表达真实是就表达内容而言的，真实表达是就表达立场而言的。立人教育的具体实施流程如下：

①通读文本，论证选择，遴选篇目。

②细读文本，捕捉感受，确定主题。

③头脑风暴，反刍揣摩，设定场景。

④自主定位，组建剧组，拟定框架。

⑤进入角色，排演完善，提交剧本。

⑥现场公演，心路历程，结集出版。

孩子们既是制片人、导演，又是演员、剧务，每个人都身兼数职。每年一度的戏剧节就是他们公演的舞台。

以下是他们学校2014年教育戏剧节的剧目。

①《皇帝的新装》—— 孩子们从中明白了要诚实、敢于说真话。

②《万兽之王》—— 孩子们从中明白了人各有所长、要按规律做事。

③《小熊请客》—— 孩子们从中学会了怎样礼貌待人、怎样与人相处。

④《喜羊羊与灰太狼》—— 孩子们从中学会了团结协作、关爱他人。

⑤《放飞梦想》—— 孩子们从中意识到了保护环境人人有责。

⑥《九色鹿》—— 孩子们从中明白了要信守承诺、重义轻利。

⑦《管道那边的世界》—— 孩子们从中明白了世界的变迁、正义的力量、友情的珍贵。

⑧《昭君出塞》—— 孩子们从中明白了什么是民族大义、什么是真爱。

孩子们可以表演名剧，如《莎士比亚》《雷雨》等，但更多的是表演他们自己的生活。以下是晓萌老师一篇随笔的片段。

《考试之后》带给我们的思考

在学科考试结束后，我和孩子们排练了教育戏剧《考试之后》。孩子们的即兴表演令人震撼，他们把爸爸妈妈在成绩揭晓之后的情态表演得淋漓尽致：考得好的，得到的又是拥抱、亲吻，又是物质奖励；考得不好的，迎接他们的要么是“女子单打”，要么是“男子单打”，要么是“男女混合双打”，要么是讽刺挖苦……反正是体罚或变相体罚。

通过表演，孩子们明白了，家长的表现无论怎样，都是源于爱孩子的本意，但家长也需要学习，需要成长。对待分数的正确态度是：既不要无视它，又不要过分看重它。考试只是一次诊断。考试之后家长的明智做法是和孩子一起反思：问题出在哪儿？该如何去解决？这才是促进孩子成长的关键所在。

以下是学生的一篇随笔作文。

我演一棵树

这几天，我们班正在热火朝天地排练教育戏剧《新守株待兔》。其中的角色有农夫、兔子、树、庄稼，还有旁白。说实在的，我最想演农夫，因为他是主角，台词最多，在舞台上最受瞩目，我喜欢站在聚光灯下被众人关注的感觉。

我把我的想法和妈妈沟通了一下，妈妈说：“那我和你们老师说说吧，给你争取一下。”我当时没有拒绝。到了中午，妈妈有些生气地说：“你们老师也太不懂人情世故了，竟然没有答应我的要求，说是所有角色都要竞选。那你就好好准备，一定要竞选上，给我争口气！”妈妈说完，就气呼呼地进了卧室。

第二天，开始竞选了，我因为一心想拿下这个角色，所以有些紧张，最后因3分之差没有拿到这个角色，它被好朋友硕子拿走了。我很懊恼，一气之下，不和硕子一起玩了。付老师和玄老师看出了我的心思，便找我谈心。他们从公平竞争说起，一直谈到角色无贵贱之分。最后，我明白了，无论干什么事情，只要尽力了，就问心无愧，不是非要争第一。看我的心结打开了，付老师问我："你打算再选哪个角色？"我心平气和地说："那我就演一棵树吧，这也是一个必不可少的角色。"

晚上，我和妈妈谈了好久。妈妈见我一点儿也不介意演配角，她也释然了。

就这样，孩子们既锻炼了能力，又丰富了内心感受，形成了相对稳定的道德感，立人教育取得了一定的效果。

融合无界教育，叙事丰盈生命

整个世界都可以作为语文课堂，都可以成为语文资源。晓萌老师的课堂，有时在室内，有时在室外，有时甚至在野外。春天到了，她和孩子们举行"和春天一起读诗"诗歌朗诵会；汪国真去世时，她和孩子们举行"朗诵，最好的悼念"汪国真诗歌朗诵会；男孩子喜欢游戏、兵器，她就引导他们编写关于游戏、兵器的书；女孩子喜欢童话故事，她就引导她们编写童话，并编辑成册；在端午节、圣诞节这样的节日里，她和孩子们一起包粽子，扮演圣诞老人，在深更半夜悄悄地把礼物送到贫困人家的门前；要开政协会议了，她和孩子们一起讨论形成了代表他们心声的《在公共社区建立小型免费公共图书馆》的政协提案，提案得到了市政协主席的好评；去新疆喀什支教时，她和孩子们一起捐款给新疆的小朋友买书；为了培养孩子们的环保意识，她引导他们每人每月当一次废品收购员，于是校园里出现了用宝马、奔驰车运送废品的独特风景（因为晓萌老师所在的学校是私立学校，学生的家庭基本比较富裕）；每学期结束时，她和孩子们一起举办语文颁奖典礼，主题、颁奖词、颁奖嘉宾、奖项、奖品都由孩子们自己决定……

晓萌老师善于捕捉有价值的教育契机，运用教育智慧，对学生进行“润物细无声”的教育，并运用教育叙事的形式记录下来。我认为，一位优秀老师，除了要能教给孩子们知识、能力，更重要的是，要能在孩子们的生命历程中留下难忘的、能够温暖他们的记忆。教育是需要故事的，而故事又是需要表达的。因此，师生共同撰写教育叙事成了晓萌老师实施立人教育的一种方式。如今，晓萌老师和她的学生已撰写了近 12 万字的教育叙事，收到了非常好的教育效果。

下面就是一个真实的故事。

揉肩风波

今天上午，班主任滕老师去体检，上午的数学课就改成了音乐课。可音乐老师临时有事，于是，就请付老师帮忙看班。虽然付老师身体有些不适，但她还是答应下来。

付老师一来到班里，就说自己头疼、肩酸、背痛，让我给她揉揉肩。可是我并不会揉，但又不好拒绝，就有点儿不情愿地去了。揉了一小会儿，付老师觉得有些轻，认为女生没有劲儿，就请小 F 来揉。“为什么是我？”小 F 有些不悦地走过去，我就回到座位上去看书了。“你回去吧，我不需要你。”付老师有些“生气”地说。“不需要正好。”小 F 自言自语道。不料，这话飘到了付老师的耳朵里，付老师“勃然大怒”，“火冒三丈”，把水杯“狠狠地”往讲桌上一放，咚一声巨响，杯中的水像瀑布似的涌到桌子上。付老师“生气”地说：“你就用这种语调跟老师讲话？！”付老师又接着说：“小F、粟儿，你们摸摸自己的良心想一想，当你们求助于付老师的时候，付老师有没有说半个‘不’字？”我们俩沉默不语。付老师伤心极了，一屁股坐在桌前，默不作声地流泪了。看到付老师流泪，我俩也禁不住哭了。

付老师，对不起。我们是您的学生，您平时是那么关心和爱护我们，呵护我们的成长。还记得当我心情不好的时候，是您牵着我的手，陪我在操场上散步谈心；当我去参加区里举行的演讲比赛的时候，是您，一遍遍地看我走台、给我指导；还有，是您，在我忘了拿钢琴书的时候帮我去传达室拿书；是您，在我脱不下衣服时，帮我脱衣服；是您，陪着我去照顾受伤的小鸟，去观察树叶、蝉翅……那些时候，您既是我的老师，又是我的妈妈，还是我的朋友……可我，在您最需要帮助的时候，却选择了不情愿。付老师，我错了，我真的错了。您能原谅您的这个不懂事的学生吗？您还会像以前那样爱我吗？付老师，放心吧，以后，我一定会好好地关心您，不再让您伤心、失望了。

以下是晓萌老师的回应。

粟儿，文章写得很有感受。从中，我欣慰地听到了你心灵成长的声音。真的，日记不仅仅是作业，也是一份记录，更是一份珍藏。

粟儿，你们的付老师正如你们的学哥学姐们所评价的，是一个性情中人，是一个虽不完美但绝对真心爱你们的人。

所以，别怪付老师发火，也别担心，我们永远是师生、朋友，即便我们之间有不快。

栗儿，我们应该感谢这次风波。因为它让你和我各成就了一篇美文。我的随笔的题目是“泪水“，泪水有我的，也有你俩的。更重要的是，这次风波唤回了你们在无意间丢失的感恩的心。

栗儿，最后，送你几句话，与你共勉：

①人，不仅要有接受爱的能力，更要具备爱人的能力。

②对任何人（包括父母、朋友、老师、同学……）的帮助——哪怕这份帮助很微小——都怀有一颗感恩之心。滴水之恩，当涌泉相报。

③当任何人——哪怕是陌生人——需要帮助的时候，请伸出我们的援助之手，赠人玫瑰，手留余香。

这样的故事在晓萌老师的语文课堂上随时都会发生，比如，韩国岁月号沉船事件发生后，他们讨论“谁先走”的问题；了解到班里学生父母离婚率高，他们讨论“父母离婚了，我们该怎么办”的问题；看到老人讹人事件的报道时，他们讨论“扶不扶”的问题；特朗普竞选上总统后，他们讨论“怎样面对竞争”的问题；等等。就是在对这些问题的讨论中，立人教育得到了很好的落实。

阅读中外经典，书香润泽童年

在师范学校求学时，晓萌老师就酷爱古诗词。

因为长期以来对古诗词的酷爱，晓萌老师和她的语文教育中心团队规划了国学经典校本课程。内容涉及古典诗词（每学期 20 首）、

《大学》《中庸》《论语》《孟子》《老子》。要求孩子们读全文、背经典、仿写古诗词，并且对经典进行批判性阅读。

透过晓萌老师的随笔，我们对她的国学课堂可见一斑。

“当皇帝真好”

一次，我给孩子们上国学课，其中有一段文章大意是讲古代的女人要守妇道，要负责给男人铺床暖被之类。结果，这遭到我们班的女生集体抗议：“这不对，男女要平等。”我总结说：“是的，对于国学内容，我们要有选择地继承，这些糟粕，我们坚决不能学。皇帝更过分，三宫六院，七十二妃子，每天一个妃子去伺候他……”还没等我说完，一个男生就忍不住说：“啊？当皇帝真好！我也想当皇帝！”

“当皇帝就那么好？”我的问题一提出，大家就纷纷发表意见：“当皇帝不好，纵欲过度，都不长寿。”“皇帝容易被人为了争夺皇位而刺杀。”“有时候皇妃为了让自己的孩子当上太子，也会把皇帝杀了。《甄嬛传》里就讲了这样的事。”

最后，我们达成共识：文明社会，一夫一妻，男女平等，一生一世。在家庭生活中夫妻应该互相尊重，共同分担家务，一起承担责任。

人生，有两个世界：一个是物质世界，一个是精神世界。读书，往往无关物质，不管怎样落魄、怎样困顿，都能读书。读书，关乎精神，一个人的阅读史，就是一个人的精神成长史。通过阅读，我们可以视通四海，思接千古，与智者交谈，与伟人对话。可以这样说，阅读可以提升一个人、一个家庭、一所学校、一个城市、一个民族、一个国家的品位。读书，可以让我们优雅而坚定地生活着！

为此，晓萌老师和她的学生欣然踏上了充满书香的中外经典阅读之路。他们一边阅读，一边举办阅读沙龙。晓萌老师主张批判性阅读，在他们的阅读分享课上，总会有思维的交锋。

通过阅读，孩子们把书中的道理自然而然地内化于心，外化于行，立人教育的效果不言而喻。

巧用对话评价，架筑心灵桥梁

立人教育不是冷冰冰、板着面孔的说服，也不是空洞的说教，它是温和的、温暖的。老师要有这样一种情怀：为学生一生的发展负责，不唯当前，而谋长远。为此，晓萌老师运用了充满感情色彩的对话式批语的评价方式。这个创意来自晓萌老师的中学时代。当时，她的语文老师经常通过作文批语和学生进行心灵沟通，比如她的一次作文批语是“人人为我，我为人人；人不为我，我仍为人”。连她当时的物理老师也采用作业批语。一次，她模仿一名同学的字体，把字写得又瘦又长，尤其是捺脚写得特别长。物理老师给她的作业批语是：“飞吧，足球！”于是，她对作业充满了期待，尤其期待那些充满哲理的或幽默的评语。如今，晓萌老师传承并发扬了自己的中学老师的优秀做法。

她的对话式批语有以下几种。

①指导性评语

琪儿，是我们班一个漂亮的女生。有一次，她写了一篇题为“我哭了”的日记，原因是有同学说她喜欢一个男生，她觉得很冤枉。

付老师：琪儿，这没有什么大不了的。不做亏心事，不怕鬼敲门。更何况，在你们这个年龄段，即便真的喜欢一个男生，也是再正常不过的事情。只要将这份好感埋在心里，好好学习，过一段时间，就什么事也没有了。这样的事，付老师也经历过。

琪儿：付老师，我又不喜欢他，霏儿她们硬说我喜欢他。

付老师：哈哈，那就更好了。我就放心了。

蒙子，不愧与大作家王蒙同名，他是我们班最具文采的学生之一。有一次，他编了一则寓言，刻画了两个为了两个虚拟的大饼而争得面红耳赤的吝啬鬼形象，最后发出感慨："有些人为了虚无的东西操心，真是愚笨至极。"

付老师：即便不是虚无的东西，也没有必要争得大动干戈吧？与人为善，淡泊名利，宁静致远，与蒙子共勉。

②真情评语

懿儿：付老师，这个周末你能到我家做客吗？

付老师：懿儿，还是改天我请你吧。

（注：随后开家长会，懿儿的妈妈对我说："付老师，那天懿儿告诉我，说付老师邀请她去做客，还问我去不去。"天哪！当时，我就是顺手一写，没想到懿儿当真了。于是我就想，写批语一定要用心，童心不能欺骗。）

付老师：含儿，这次作业写得太多了。记住，一定要适量，不然，付老师会心疼的！

含儿：没问题，不累！付老师，您经常头疼，也一定要注意休息哟！

③幽默评语

蒙子：付老师，给您出道脑筋急转弯的题：小明喝了一瓶劣质果汁，结果会怎样？答案在反面。

（我马上翻看答案：一肚子坏水。答案旁边还有一句话：不加思考就看答案的人是小狗）

付老师（佯装大怒）：大胆蒙子！竟敢戏弄本师！该当何罪？！

蒙子：狂奔中——（旁边还画了两个小脚丫，还有飞起的尘土）

事实证明，对话式批语有利于走近孩子们的心灵，拉近师生之间、生生之间的感情，从而达到立人教育的目的。

虽然老师的工作是平凡的，但他们拥有世界上最宝贵的财富——孩子们。桃李不言，下自成蹊。每每看到孩子们那纯真无邪的笑脸，每每听到孩子们那心灵成长的声音，每每收到孩子们那一封封热情洋溢的信和那一张张饱含深情的贺卡……晓萌老师的心里总是填满了骄傲和自豪，因为她的世界里，站满了爱她的孩子们！而这，正是晓萌老师及其团队实施立人教育收获的硕果。

天生为教育

人·物·印·象

张天香，山东省潍坊北海双语学校语文教师。首创“说语文”教学法，探索“超学科主题”课程，创建“云资源”教室。她敢于打破传统思维与语文教材的限制，积极进行“超学科主题”课程的研发，使学生的学习方式发生很大变革，她创建的“云资源”教室为学生开辟了广阔的学习空间。她和孩子们幸福地耕耘，收获着当下和未来的精彩……

张天香老师在小学语文教学中走出了自己的路子。她首创“说语文”教学法，以“说”为抓手，涵盖听、说、读、写四种基本能力，全面提高学生的语文学科素养；她不断创新，致力于课程整合、开发，探索、实践“超学科主题”课程；她创建“云资源”教室，变革学生的学习方式，让学习进入个性化定制时代。她的语文教学，洋溢着天性的灵动；她的课堂，充满着师生共同成长的感动。探索未知世界，传承经典文明，她和学生幸福地耕耘着，收获着当下和未来的精彩人生……

从“传统语文”到“说语文”

1996 年 7 月，年仅 20 岁的张天香从安丘师范学校毕业，走上了三尺讲台，成了一名乡镇小学老师。她说：“在那个旖旎的早晨，我身披霞光，走进了生命坐标里自己标定的位置 —— 课堂。当我跨出这一步时，我没有犹豫，没有彷徨，像农民扶起犁，开始了艰难的耕耘，一路坚守，一路歌唱……”

初为人师的激情，激发着她的斗志，也感染了她的学生。她离家不过几十里地，但是半年才回家一次，平时吃住都在学校里。课堂上，她激情澎湃，带领学生指点江山，激扬文字；课下，她和学生做游戏，踢毽子，玩“老鹰捉小鸡”；放学后，她还单独辅导学困生。她第一次带的班级是小学毕业班。她为人师的第一张成绩单，是所教班级语文考试成绩全镇第一名。这鼓舞了她，也给了她前进的动力。

张老师是个有问题意识的老师。善于思考的她，发现了一个让她感到奇怪的课堂现象：小学低年级的课堂上，老师一提问，学生就齐刷刷地举手，即使不会回答问题也尝试着回答。而随着年级的升高、年龄的增长，愿意发言的学生越来越少，到了高年级，愿意发言者已寥寥无几，有些学生即使知道答案，也不回答。是什么原因让他们没有了回答的欲望？她决定研究和解决这个问题。

张老师设计调查问卷，对学校一到六年级学生随机抽样调查，最后她发现学生不发言大致有三个原因：不想说、不敢说、不会说。于是，她结合教学实践，在班里大力推行“每日一说”演讲会。她发现，这能全面发展学生的听、说、读、写四项基本语文能力。经过多年的积累、实践，她总结、梳理出了自己的小学语文教学法——“说语文”教学法。

什么是“说语文”教学法？

“说语文”不局限于“说”，而是涵盖了听、说、读、写四项基本能力，是一种以“说”为抓手的小学语文教学观，也是一种经实践证明切实有效的教学方法。“说语文”之“说”不是“说话”之“小说”，而是一种广义上的“大说”。其实质是准确、有效的表达。表达即学习语文的目的。在人类的智力活动中，创造无疑是一种高级能力，而以表达为实质的“说”，显然就是一种创造。“说”之表达，主要是口语表达和书面表达，但又不止这些，还有更广意义上的表达，比如用图画“说”、用镜头“说”、用肢体“说”，或者综合运用几种形式的“说”等。

为了解决学生“说”的问题，张老师从敢“说”、想“说”、会“说”三个层面，提出了具体的措施和做法。

// 创设氛围，让学生敢“说”

学生不敢“说”，是因为缺乏自信心，有恐惧心理。由于对“说”的内容没有自信，害怕“说”得不好，遭到同学的嘲笑；更害怕“说”得不对，遭到老师的斥责。于是就变得不敢“说”了。如何消除学生的畏惧心理呢？张老师主要采取了以下措施。

（1）构建民主、平等的师生关系

我们的文化一向尊崇“师道尊严”，过于强调师长的权威性。在现实生活中，也有一些老师故意板着面孔，借以镇住学生，这是不健康的。师生应该是平等的，他们的交流方式应该是民主的，老师应该给学生一个欢乐、和谐、宽松的支持性环境，这样学生才能敞开心扉，敢于去“说”。

张老师认为，小学低年级老师要有童真，要像妈妈或者大姐姐一样，而中高年级老师应该是学生平等的朋友，这样才能走进学生的内心，才能与他们建立亲密、安全的关系。

（2）创设和谐、愉悦的课堂氛围

和谐、愉悦的课堂氛围，使学生没有畏惧感，能够积极思考，大胆发言。张老师把微笑带进课堂，给学生一种亲切感，拉近了师生之间的距离。为了激发学生主动表达的兴趣，她给学生讲笑话、讲故事，让学生猜谜语，引发学生的好奇心，营造学生敢“说”、想“说”的氛围。在课堂教学中，她非常重视小组讨论，因为这可以让每名学生都有发言的机会。不管学生“说”得怎样，她都适时给予肯定和激励。她那会心的微笑、赞许的目光、温馨的提示、信任的期待等，都有激励作用，使学生敢“说”。

（3）包容、尊重不同的意见及观点

人们对同一事物的看法不尽相同，小学生针对某一问题发表的意见及观点更会千奇百怪，有时甚至是错误的。但张老师从不轻易否定学生的意见和看法，而是以包容、尊重的态度保护学生发言的积极性。这大大激发了他们主动“说”、大胆“说”的欲望。

// 创设情境，让学生想“说”

在实践中，张老师发现，很多学生不想“说”，是因为没有他们感兴趣的话题。只有创设合适的情境，激发学生的兴趣，让他们主动参与、亲身体验，他们才会打开话匣子，畅所欲言。

（1）创设故事情境，让学生在交流中“说”

小学生最喜欢听故事，因为他们有强烈的好奇心、旺盛的求知欲。可以借助故事，创设情境，激发学生“说”的欲望。

从一年级开始，张老师就给学生读了大量的故事，每读完一个故事交流时，学生都能说出令人惊叹的语言。他们不由自主地想“说”，不可抑制地要“说”。他们不仅说故事，还说感悟，说收获。

（2）创设问题情境，让学生在思考后“说”

没有问题的情境是一潭死水，丝毫激发不起学生活跃的思维。有价值的情境必然是有问题的情境。张老师创设这种情境引发学生思考，让学生感悟、探索，然后“说”出来。

（3）创设扮演情境，让学生在体验中“说”

小学生爱玩游戏，喜欢模仿。张老师利用这一特点，让他们在特定的环境中扮演某种角色，揣摩角色的内心，想象角色的形象，演出角色的样子，对自己喜欢的角色进行再认识、再创作。在这样的体验中，学生不仅用口头语言来“说”，而且用全身心“说”，还乐在其中。

// 积极鼓励，让学生爱“说”

张老师说：“小学生发言最希望得到老师和同学的肯定与赞赏。一句热情的鼓励、一句适时的表扬，就会激发他们无限的可能，就能激发他们发言的勇气，就能提高他们表达自己观点的积极性，让他们敢于站到台前，说出自己想说的话。”所以，她常常给予学生正面的鼓励性评价，增强他们的自信心。

（1）抓亮点

小学生的“说”，往往不会特别精彩，从而使他们不自信。但张老师善于抓住学生的亮点，并刻意放大，常常使他们体验到一种成功感，从而爱“说”起来。

（2）赢点赞

点赞是一种多方评赏的方式，能看出一个人的表现受欢迎的程度。小学生喜欢赢得大家的点赞，更喜欢比较谁获得的点赞多。因此，张老师利用点赞让学生在“说”中互相竞争、互相学习，并体验到“说”的快乐。

课堂点赞，鼓舞人心。课堂上学生的精彩表现，会赢得同伴点赞、老师点赞。这些点赞是对他们的激励。

网络上点赞，让学生互相欣赏。学生把自己的演讲小视频传到微信群、QQ群或者微信朋友圈，点赞的人有家长，也有老师和同学。每赢得一个点赞，学生都会很开心。点赞给了他们认可，鼓舞了他们“说”的信心。

（3）设奖励称号

设置一些奖励称号，有时会有意想不到的激励作用。小学生对各种奖励称号特别钟爱，他们尤其钟爱用他们喜欢的语言来描述各种个性化称号。

张老师给学生设置了一些符合他们实际表现的奖励称号，增强了他们“说”的自信和积极性。

// 锻炼思维，让学生会“说”

思维能力，决定了一个人表达观点的准确性，决定了“说”的条理性。所以，张老师开展多种形式的思维活动，引导学生迈出会“说”的第一步。

（1）画思维地图

思维地图是建构知识、辅助思维、提高学习能力的一种可视化工具。张老师在语文学习中引入思维地图，有效地帮助学生梳理文章的脉络，比较事物的异同，锻炼学生的归纳、发散等思维能力。

（2）开辩论会

辩论，是小学中高年级学生喜欢的活动。在辩论中，他们积极组织语言，表达自己的观点；他们努力思考，及时找寻论据，应对对方的提问；他们用心倾听，抓住对方的漏洞，及时反驳。辩论，作为“说语文”的高级形式，有不可替代的作用。

张老师班上辩论的主题，一般来自学生平时的困惑。比如“是开卷有益，还是开卷未必有益”“电脑对我们是利大于弊，还是弊大于利”“新年放鞭炮的利与弊”“用家务劳动换钱好不好”“小学生应不应该带手机”，等等。

（3）编小故事

小学生爱听故事，更喜欢创编故事。他们可以按照自己的想象编出故事。故事创编，给了学生极大的思考空间，使他们的想象力得到了极大的发挥，创新能力也得到了锻炼。

学习童话故事后，张老师让学生大胆想象，用生动的语言创编起自己的童话故事。在他们的想象中，一草一木、飞禽走兽等都有了自己的语言。比如，有个学生创编了《玫瑰花与狗尾草》。

// 创设平台，让学生有机会“说”

张老师尽量给学生提供各种平台，让他们有更多选择的机会，进一步锻炼“说”的能力。

（1）坚持“每日一说”

为了让“说”变成常态，让每名学生都有机会走到台前，张老师设立了“每日一说”。演说的话题或者由学生自主选择，或者由老师命题。话题的选择尊重学生学习、成长的规律，尊重语文学习的规律，符合新课程标准的要求；话题的内容涉及认识自身、认识周围事物、认识世界、辨别是非等。关于同一话题，不同年龄阶段的学生，“说”的目标不同，内容和要求也不同。例如，同样是自我介绍，对低年级、中年级和高年级学生的要求是不同的。演说者采取自荐和抽签的方式确定。

这项活动极大地激发了学生“说”的热情，让他们过了一把演说瘾。每个人都精心准备，争抢着“说”。他们利用“每日一说”的平台，组织“说家庭”“说班级”“说家乡”等活动，极大地锻炼了“说”的能力。

（2）开展游戏、竞赛活动

小学生，尤其是低年级的小学生，往往喜欢与朋友们一起做游戏，在游戏中，他们能互动、交流，兴趣盎然地“说”。所以，张老师在班里开展了一些游戏活动，如词语接龙、传话游戏等。

小学生往往都有争强好胜的心理，因此，张老师开展了一些竞赛活动，如爬山夺旗竞赛、个人体能挑战赛等，激发学生“说”的热情。

（3）成立拓展社团

社团活动能提升学生“说”能力。例如，有说相声兴趣的学生自由组成相声社，喜欢话剧表演的学生组成话剧团。

张老师的学生不仅可以在课堂上“说”，在校园里“说”，而且可以到学校外面的广阔天地中去“说”。例如，到社区参加“绿色环保”演讲，到街头采访路人，到敬老院给老人表演话剧等。这些活动为学生提供了平台，不仅锻炼了他们“说”的胆量和能力，也让他们成为一个个“小演讲家”。

从“学科教学”到“超学科主题”课程

“说语文”教学，使张老师的语文教学实现了质的飞跃。但是，她没有满足于自己的成绩，而是不断思考、探索，发现了小学分科教学的局限。长期以来，人们遵循学科本位的思路，按照学科知识体系构建课程内容。现行的小学课程基本上是若干学科的叠加。教学大纲、教材的编写力求保证学习内容的完整性、系统性、科学性，注重学习内容是否符合学科知识体系、逻辑是否严密、知识点是否齐备等，而较少考虑学习内容是不是基础的、必需的、恰当的，以及其对学生认知能力的发展、认知水平的提高有着怎样的意义等。

如何根据儿童的发展需要，从教育的总体目标和各学科之间的联系去设计和把握课程内容？什么样的知识是最有价值的？什么样的课程是儿童终身发展所必需的？对这些问题的思考促使张老师去尝试探索超越学科的课程构建，提出了“超学科主题”课程，试图使用跨越学科或超越学科的主题探究单元，打破分科教学的局限，还给孩子们一个完整的世界，使他们逐渐成为拥有核心素养的终身学习者。“超学科主题”课程以探究为主要学习方式。

张老师说：“探究是学习之本。人的知识是从哪里来的？是‘追问’出来的。探究是活力之源。什么人最有活力？孩子最有活力。因为孩子天生就喜欢‘追问’，喜欢‘探究’，有强烈的好奇心和探究欲。”

张老师认为，探究是思考，探究是合作，探究是参与，探究是体验。探究不是一学就会的，要从孩子抓起；探究不必强求一次探究透、探究完；探究不注重结论是否正确，而看重过程。张老师主导实施的“超学科主题”课程，在不断探索中逐渐成熟，日趋完善。

// 课程整合、创新，具有挑战性

“超学科主题”课程没有固定的教材，它强调学科整合，紧密围绕“人与自我”“人与社会”“人与自然”三大领域组织主题，由师生自选课题、自定方案、自己设计活动，每个主题大约用六周时间完成相关的探究内容。

下面是张老师和她的课程团队一起构建的探究主题。

学期		超学科主题：人与自我	超学科主题：人与社会	超学科主题：人与自然
一年级	上	家	公共场所	空气
	下	健康	职业	水
二年级	上	友谊	家乡	建筑
	下	学校	组织	煤炭
三年级	上	家族	对称	山脉
	下	传媒	规则	动物
四年级	上	故事	迁徙	河流
	下	榜样	社区	植物

综观这些主题，我们可以看出，它们多角度、大视野、全方位地整合了学科知识，进行了德育渗透；它们拓宽了学习空间，增加了锻炼机会，融合了课本知识与户外实践；它们有意义、有关联、有挑战，使学生在探究中不断锻炼和提高各种能力。课程以学生为本，深受师生、家长的好评。

// 活动独特、丰富、有趣，具有实战性

“超学科主题”课程引导学生把课堂知识与外部世界相结合。它为学生提供了广阔的学习空间和锻炼机会，倡导学生积极自主地参与社会实践和各项活动，使学生在实战中不断提高各种能力。在“超学科主题”课程的实践过程中，张老师带领学生开展了丰富多彩的活动。

参观访问：参观坊子煤矿博物馆，了解煤炭的形成过程和开采流程；走访“坊茨小镇”和坊子老城区，感受历史文化的变迁，等等。

社会调查：到社会上采访各行各业，了解他们的职责，弄明白社会这个组织是怎么运行的；在学校里采访各个岗位的老师，绘制学校组织图。

动手实践：制作节水设备，为节约用水尽一份力；种植植物、喂养小动物，领会生命的循环之妙。

采访辩论：采访家人，熟悉家庭的历史，绘制“家族树”；采访餐厅工人，了解食物的制作过程；针对网络使用的利与弊，开展激烈的辩论等。

讲座学习：邀请来交流学习的外地老师或外教老师，和大家一起搞沙龙，谈他们的家乡，从而让学生明白每个人的家乡都有不同的地理风貌、人情风俗和历史变迁。大家还开发家长资源，邀请家长来讲述不同的职业经历，帮助学生了解不同的职业。

手工制作：绘制人体器官图认识自己，制作圣诞卡庆祝节日，制作赞美卡为同学的行为点赞，制作有个性的房子——“左邻右舍”来体会建筑的多元化等。

艺术表演：在“煤炭”主题课程中，宇轩同学自创绘本《煤小弟》，并在老师的帮助下创编了原创话剧，获得了演出的成功。在“组织”主题课程的最后，学生设计了一个真实的任务，他们自己组织了一台“阳光大舞台”晚会，二年级的小学生自导自演，收到了意想不到的效果。

科技实验：“水的样子”“空气在哪里”等实验帮助学生理解了许多科学知识。

画展、摄影展：全班合作完成“水粉画展”，体验合作的重要性，自创绘本讲述身边的故事，设计广告牌展示创意，举办“坊子印象”等摄影展。

…………

// 评价实在、新颖，具有可行性

“超学科主题”课程力求培养学生的核心素养，并特别注重其中五项技能和十二种态度的培养。这些明确的目标给具体评价方案的制定指明了方向。课程评价包括过程性评价、立体化评价和反思性评价，注重评价的全面性，强调评价的科学性、准确性。其中，过程性评价强调全程、即时，立体化评价注重多角度、多形式，反思性评价关注认识自己、发展内驱力。

张老师和她的团队，通过观察、摄像、交流等多种方式，对学生的参与情况和活动效果及时记录和反馈。课程评价中丰富的照片、文字记录和表格成为一道独特、亮丽的风景。

从传统教室到“云资源”教室

张老师说：“当今时代是一个网络信息时代，浩如烟海的网络资源让获取间接知识变得方便、快捷。‘超学科主题’课程的实施，让学生的学习方式发生了革命性的变革，教材不再是唯一的学习资源，学习资源无处不在，世界就是我们的教材。‘云资源’教室是‘超学科主题’课程的强大工具。”

在学校的支持下，2016 年 9 月，张老师创建了自己的网上教室——“云资源”教室。

// 何谓“云资源”

狭义的“云资源”指的是互联网上的远程资源。而张老师所认为的“云资源”是各种资源的统称。

她的“云资源”主要有三大类。

（1）网络资源

他们班的学生自带平板电脑，他们在课堂上就可以对接世界，查阅浩如烟海的网络资源。网络上的探究学习不仅超越了传统意义上的教材教学，而且超越了时空，把一个宏大的世界带到学生面前。

例如，在“动物”主题课程中，学生上网查询各种动物的特征、生活习性等。网上的大量图片、视频以及文字资料让学生的探究学习变得既有深度又有广度。

（2）社区资源

社区、学校、社会组织，都是他们的“云资源”。

例如，在探究“家乡”主题时，坊茨小镇的古老建筑、历史变迁就是他们的活教材。离学校不足两公里的炭矿博物馆、位于地下175米的百年前的采煤巷道，成为他们探究“煤炭”主题时的参观、考察基地。潍坊市植物园，在他们探究“植物”主题时，发挥了重要的作用……

（3）人力资源

人力资源是非常重要的资源，张老师邀请了许多专家、名人、家长等进入课堂。这些资源，使得学生探究学习的途径变得丰富起来。

例如，在探究“传媒”主题时，张老师邀请了学生家长——一位大学信息技术老师给学生讲信息检索和信息梳理。又如，在探究“家乡”主题时，邀请来自云南的交流老师和来自美国的外教老师谈他们的家乡。

//“云资源”教室的生态

张老师的“云资源”教室大约140平方米，整个教室大致分为教学区、阅读区、展示区、储物区、办公区等，就像一个温馨的家园。根据学生的年龄特点设计的桌椅、储物柜方便实用，电子白板、触控一体机等现代教育技术工具一应俱全。

教室里的无线网络可以支持30多台平板电脑同时上网。张老师利用一些软件进行实时检测、操作演示、多屏互动等。学生在这样的学习过程中，往往会有更深刻的体验。这样的学习可以追踪过程，便于对不同程度的学生进行个别化指导。相对于传统的统一授课、被动学习，这样的学习可以满足学生的个性化需求。

这里既是一个学习者社区，也是一个沟通平台。张老师利用APP建立了一些个性群组，实现了学生与学生、学生与教师、教师与家长之间的无障碍沟通、互助学习、快乐分享。个性群组已成为高效的学习、交流、分享的社区。

“云资源”教室，不仅有超强的硬件，为学生的学习插上翅膀，使学习方式发生革命性变革，还有契约化管理，让这里流淌着公平的气息、民主的气氛。

//“云资源”教室里的个性化学习

张老师说：“主动学习和被动学习的模糊边界，便是选择。有了自主选择，就有了主动学习。”学习方式的改变，促进了学生个性的发展。她的班里自然地诞生了一些学生组织。对说相声感兴趣的学生自由组成相声社——“艺馨社”，喜欢话剧表演的学生组成话剧团——“百花团”，喜欢武术的学生则成立了“精武门”，此外还有“诗歌社”、“百灵鸟”合唱团、“梦之队”舞蹈队等。学生自由选择适合自己的组织，于是他们的学习积极性也高涨起来。

醉心教育，源于大爱。在每一个学生，尤其是那些特殊的孩子身上，张老师倾注了无数心血。她说：“作为一名教师，我们不仅要弯下腰来倾听学生的声音，还需蹲下身子和他们平视交流，更要在精神上无限靠近儿童真、善、美的世界……”

这就是我所认识的张天香老师，“天”生为教育，她为教育而生……

李洪芹

人·物·印·象

李洪芹，山东省诸城市密州路学校语文教师。潍坊市特级教师，潍坊市教学能手，潍坊市优秀班主任。

她播下了『读思议说』习作课程的种子，开启了习作教学破冰之旅。她守望着语文教学这方沃土，行走在读写间，阅读的意境里盛开着迷人的花朵，习作的信笺里承载着成长的秘密。

李洪芹老师有思想，有智慧，有悟性。她对语文教学情有独钟，喜欢打破常规，喜欢“折腾”。在我眼中，她是一只为孩子们的生命成长而衔泥筑巢的春燕。

李老师创立了“读思议说”四步习作教学法，即海阔天空地读、聚精会神地思、七嘴八舌地议、有理有据地说。她认为学生习作难是因为习作和阅读与生活脱节了，因此，一方面，她带领孩子们畅游书海，与书为伍，品读经典，享受读书之乐；另一方面，她引领孩子们走出教室，走进自然，融入社会，体验生活之美。于是，孩子们有了鲜活的素材，再加上方法的引领，他们的习作自然水到渠成。

在迷茫中艰涩前行

// 遇到特别的你

说到习作教学，很多老师都感到头疼，李老师也不例外。2009年，她新接任四年级一个班，第一堂课，她想认识一下孩子们，可是他们都很害羞，不愿意介绍自己。李老师想，可能是因为他们跟自己还不太熟悉吧，于是让他们写一写自我介绍。当孩子们把只写了只言片语、歪歪扭扭的自我介绍交给她的时候，她意识到，这个班孩子的语文水平普遍不高。

李老师对孩子们进行了学情调查，结果令她震撼：一个字都写不出的孩子占3.85%，记流水账、乱写、参考习作书的分别占1/4左右，仅有不足1/5的孩子能勉强顺利行文。

孩子们缺失的究竟是什么呢？李老师查阅了大量资料，并结合作文现状，将问题归为两类：①先天不足，不知道写什么，缺乏生活和阅读的积累；②后天失调，不知道怎么写，即使有阅读和生活的积累，但因为缺少写作方法的指导，想表达却表达不好。

// 在徘徊中思索

找到了症结所在，李老师将之向校长做了汇报，校长不假思索地说：“以你的教学水平和能力，不管遇到什么样的学生，都没有问题。”“这次真有大问题了！”李老师说道。“你可以进行作文教学改革，创造出自己的个性教学法呀。你是咱们学校教师中最有出息的一个，研发课程的工作非你莫属！”李老师知道这是校长的“激将法”。之后，校长郑重其事地找她谈过几次，她犹豫过，彷徨过，因为她清楚，觉得作文难教的何止她一个人，这是整个语文界的难题，要搞出点儿名堂来，必须狠下功夫，探索之路的艰辛可想而知……但为了孩子们的渴望，为了家长的嘱托，为了领导的期盼，再加上一股不服输的劲头，她决定做先“吃螃蟹”的人。

经过调查与研究，李老师决定从学生的阅读和生活入手，以课堂口语表达为突破口。经过一段时间的探索与实践，她认识到了“读思议说”对习作的重要性。

踏上了习作之旅

// 阅读，因你而厚重

阅读和写作实为一体，写作是对阅读进行梳理、总结、反省、内化的过程。李老师对此深有体会，她带领孩子们大量阅读，不仅读“有字书”，还读生活这部“无字活书”。

（1）体验生活这部“无字活书”

卢梭在《爱弥儿》一书中，一再强调了亲近自然对一个人成长的重要性，整本书弥漫着自然教育的醇香。生活是教育的沃土，那就把生活还给孩子，让孩子在生活中“生根发芽”。

李老师一贯坚持在生活中寻找习作的源头活水。她经常带领孩子们走出课堂，走进自然，融入社会，让他们触摸生活，收获成长。到大自然中去观察体验受到一定条件的制约，为了便于统一观察、便于指导，李老师就地取材，把教室变成了“试验田”，把家庭变成了“动物乐园”，把校园变成了孩子们的“游乐场”。

①搭起生命的暖房。

李老师喜欢在教室里“折腾”。为了让孩子们与动植物亲密地接触，她在班里实施种植、养殖课程。在花盆里种几粒种子，他们便开始了简陋的“生命之旅”。李老师将孩子们分成两组。一组栽培水栽植物——几棵大头兰、几个洋葱、几个蒜头、几簇水仙，请爸爸妈妈帮忙用透明饮料瓶制作成各种造型的水培容器，这样可以清晰地观察植物根须的形状、生长情况等。另一组用泥土栽培豌豆、蚕豆、麦兰等，孩子们从家里带来了较大的泡沫箱、塑料箱等，准备了解植物的生命是如何开始的。两天后，孩子们迫不及待地谈论着：“我们组的怎么还没发芽？”一周后，温暖的阳光催生了水栽洋葱、蒜头和大头兰的芽与须。周一早晨，教室里可热闹了。“看！我的洋葱发芽了，嫩嫩的！”“我的大头兰还长须了呢。”……随着叶子一天天长大，大家经常收获惊喜：“我的洋葱长出了好几片小嫩叶，它们排列得好整齐。”“我的大蒜叶子尖尖的，像剪刀。”“看哪，麦兰的叶子像韭菜，苔长得真快呀，像雨后的春笋。”“麦兰的香味沁人心脾，醉人的香啊！”……这些话语就像那一点点长大的植物一样，也经常给人惊喜！

在观察植物生长的过程中，孩子们的心思越来越细腻。他们惊讶于植物竟然可以在一汪清水里长得如此美丽，竟然有如此顽强的生命力。

李老师也鼓励孩子们在家里“折腾”。为了配合班级建立动物角，孩子们在家里饲养兔子、乌龟、金鱼、鹦鹉、龙虾等。他们把这些动物成长、变化的故事写在了日记里。

舒月在日记中写道：“当我看到心爱的鹦鹉宝宝的生命渐渐逝去时，我的心像刀绞一般。我长这么大，从来没有过现在这样的感受，我浑身燥热，觉得自己似乎发烧了。因为我太喜欢鹦鹉了，我已经把它当作我的弟弟了，真舍不得离开它。但它还是走了，完完全全地离我而去了，几乎带走了我的心，我感觉有一股炽热的岩浆，正在‘灼烧’着我的身体……”

孩子们在生命体验的过程中情感有了温度，并且有了一颗细腻而又善于内省的心。

②探寻生命的奥秘。

学习了《蚕姑娘》一课后，孩子们问：“老师，蚕到底是什么样子的？蚕宝宝是怎么蜕皮的？蚕是怎样变成蚕蛾的？”蚕，对城里的孩子来说，是比较陌生的。为了解除他们的疑惑，李老师开展了一次“蚕农”课程，把蚕养在教室里，让他们做一回养蚕人。

李老师宣布要在班里开展“蚕农”课程后，添添小姑娘就悄悄地告诉李老师，她奶奶家是养蚕的，等奶奶把蚕宝宝领回家，她就带到教室来。

一天早上，小姑娘用一个小盒子把蚕宝宝带到了教室，放在了讲台上。孩子们一下子围了过来：哇，这些蚕宝宝一个个又黄又小，很安静，这么小的蚕宝宝应该怎么照顾呢？李老师也有点儿犯难，于是第二天，她特意邀请了小姑娘的奶奶来给孩子们讲养蚕知识。

之后，李老师用手机拍照记录，孩子们每天轮流用写绘来记录蚕宝宝的成长情况。第一个做记录的是小强同学，正好这天蚕宝宝们开始眠了。三天后，它们开始蜕皮。一个孩子得意洋洋地告诉李老师：“李老师，我已经帮一只蚕蜕了皮啦。”可是第二天，孩子们发现，那只蚕死了。为什么会这样？他们去向教科学的王老师请教，王老师给他们播放了一段蚕蜕皮的视频，让他们看清楚蚕是怎样蜕皮的。王老师还告诉孩子们，蚕蜕皮说明它们正在成长，而这种成长是任何人都帮不了的，只能靠它们自己。孩子们似懂非懂地点了点头。是的，蚕只有经历每一次蜕变的痛苦，才能获得新生命的成长，但愿孩子们能慢慢体悟到其中的真谛。

“蚕开始结茧啦！”一天，一个孩子高呼着。孩子们悄悄地把耳朵贴在蚕山上仔细地听，可是什么也听不见。一个孩子在日记中写道：“也不知道蚕宝宝能不能听到我们的声音，它们在蚕茧里会寂寞吗？它们会想我们吗？蚕宝宝们不吃不喝，饿不饿？”这种牵挂、这种对生命的关爱，已深深地扎根在孩子们心中了。

十天后，李老师一进教室，一个孩子就惊喜地告诉她：“四只蚕茧里飞出蚕蛾了！”孩子们又围了过来，一个孩子指着蚕茧上红色的液体说：“哇！你看它们流血了呀！”一个小姑娘抢着说：“生孩子嘛，当然要流血了！”这红色的液体到底是什么？李老师鼓励孩子们上网查资料。原来，这是一种黏液，主要作用是软化蚕茧，让蛾子飞出来。

又过了两天，几只蚕蛾交尾了。又过了六天，孩子们发现所有的蚕蛾都死了，几个小姑娘难过得眼圈都红了。不过，孩子们很快发现了蚕蛾的旁边有一小片比芝麻还小的蚕卵，这下，他们又高兴起来，因为蚕卵是又一轮新生命的开始。李老师告诉他们，这就是生命的轮回。孩子们体验到了失去生命的痛苦，懂得了如何珍爱生命、敬畏生命。

历时一个月，孩子们边观察边记录，完成了一本图文并茂的蚕农日记。有蚕宝宝一起走过的这一个月，他们不仅整合了语文、科学和美术等学科的内容，也体悟到，其实，蚕在做一个坚实的梦，吐丝结茧是为了实现生命中最后一次英勇的突围——破茧成蛾，最终完成生命的蜕变和升华。

观察了蚕一生的变化后，“蚕农”课程还在继续，唱蚕歌，诵蚕诗，跳蚕舞，话蚕文化，创编蚕绘本……开展了一系列活动，提高了孩子们的审美、鉴赏、创新能力。

（2）海量阅读有字书

“有一个孩子每天向前走去，他看见最初的东西，他就变成那东西，那东西就变成他的一部分……”诗人惠特曼这样告诫我们。孩子最先看到的是美好的东西，他就会变成美好的；最先闻到的是书香，他就会喜欢书香。让孩子多接触书籍，他们就会爱上阅读，爱上书的芬芳。

①阅读催艳生命花。

为了让孩子们读到更多的书，李老师精心策划了倡导读书的专题推动会，把孩子们读书的情景拍成照片放给家长看，把孩子们读书的故事讲给家长听，把孩子们爱上读书后的变化展示给家长看，家长们逐渐认可了亲子共读。

为了让孩子们读到适合自己年龄的书，李老师在班里成立了家委会，由她给出书目，家委会负责购书，解决了书源问题。

几天后，一位爸爸送来了几捆书，李老师说：“孩子们，这些书是叔叔阿姨们特意为你们买的，你们应该怎么做？用行动来回答。”孩子们的眼睛明亮起来。书发到他们手中，他们捧着沉甸甸的书视若珍宝。阅读活动悄然无声地拉开了序幕。

三年级上学期，李老师的班级开始整本书阅读，她把《我爱阅读丛书》当作开启阅读书，之后推进《梦幻阶梯阅读系列》。这些书打开了孩子们的未知世界，让他们忘我、沉醉地读着。

三年级下学期，随着识字量的增多，孩子们喜欢上了童话，比如

《安徒生童话》《格林童话》《王尔德童话》。

在阅读交流课上，瑞说："读了《白雪公主》，我很怜悯白雪公主，她因漂亮而被后妈嫉妒，后妈决心置她于死地，并一次次想要杀害她，她只好逃到森林里，遇到了七个小矮人。虽然白雪公主有坎坷的经历，但最终的结局是美好的。"一冲说："我读了《拇指姑娘》，我为这个漂亮的小人儿的坎坷遭遇而心酸，最后又为她找到自己的拇指家族，过上幸福生活而满心愉悦。"阳说："我读了《豌豆公主》，我羡慕公主的娇贵，也担心她的危险处境，最终是好人得好报、恶人得恶报，结局令人满意。"

四年级再次读《小王子》《海的女儿》等童话时，孩子们有了不同的理解和感受。接着，他们共读了《夏洛的网》《一百条裙子》《绿野仙踪》《柳林风声》等。班里掀起了阅读的热潮，几乎每个孩子都爱上了阅读，连电视迷俊宇，也放弃了电视，捧起书看得津津有味，有时家长喊他吃饭他都听不见，睡觉前还要看上半小时书呢。

五、六年级时，他们改变了共读方式。或对照导读题深入阅读，或画鱼骨图理出脉络，然后交流、碰撞。

除了阅读整本书，他们利用晨诵、午读、阅读课的时间，朗读、背诵了很多古典诗词和《道德经》《论语》《史记》，以及优美散文、优秀小古文等。他们还建立了晨诵本，把学过的诗记下来，配上画，在旁边写出自己的理解。通过大量背诵及海量阅读，孩子们的文学功底自然见长。

阅读让孩子们不知不觉发生了很大变化：《夏洛的网》让他们懂得了珍惜友谊，做生命中"重要的他人"；《一根羽毛也不能动》让他们懂得了遵守纪律的重要性；《好饿好饿的毛毛虫》让他们喜欢上了读书……一本本经典童书让他们学会了换位思考，学会了感恩，学会了坚持，是阅读催艳了他们的生命之花。

② 吟诵演绎生命美。

每一个不曾起舞的日子都是对生命的辜负。为了切实将读书活动落到实处，李老师班实施了晨诵经典、午讲故事、暮读名著、晚写随笔的阅读课程，使语文课堂呈现出灵动、诗意、厚重和生命的绿色。

为了让阅读浸入每个孩子的内心深处，每天早晨，他们都会在诗歌诵读中开启新的一天，一次次诵读唤醒了孩子们沉睡的生命。李老师发现，最近几天孩子们学习浮躁，纪律涣散。为了让他们收心，她特意选了《跌倒》这首诗来警示他们。早晨，她跟往常一样进了教室，打开 PPT，屏幕上映出《跌倒》一诗。

“早安，孩子们！”李老师希望用她的微笑感染孩子们。

“早安，李老师！”孩子们也给了她灿烂的笑容。

“孩子们，你们是一群爱读书的孩子！”李老师把期待送给孩子们。

“李老师，我们是一群爱读书的孩子！”开始他们是有口无心的应答，渐渐地，这变成了对自我行为的认同。

师生问安之后，他们伴随着轻音乐，一起诵读《跌倒》。

李老师想引导孩子们将这首诗和自己的生命编织在一起，于是提出这样一个问题：“在生活中，你们跌倒过吗？”

一个女孩站起来说：“一次，我下楼时不小心摔倒了，把脚崴了。”

她的话音刚落，其他孩子就小声地议论起来：“错了，‘跌倒’在这里是指精神。”

李老师也马上作出了反馈：“诗中的‘跌倒’仅仅是指身体的跌倒吗？”

一个男孩站起来说：“不是的，就像昨天刚刚学过的《掌声》中的英子的情况一样。”

李老师继续引导孩子们：“英子是靠什么站起来的？”

“同学的掌声。”

"战胜自卑心理。"

"用信心和勇气。"

李老师说:"坚强、勇敢和持之以恒的努力,就是最美的姿势。你们有没有跌倒的经历?你们跌倒时,最美的姿势是什么?"

"我不争气,学习成绩差,经常不写作业。四年来,我一直得到的是老师严厉的爱,我要用自己的努力找回自信,我真诚地想得到老师鼓励的爱,我想让这两种爱伴我健康成长。"莲怯生生地说。在热烈的掌声中,李老师隐隐感到一丝挫败。

她告诉孩子们:"失败了并不可怕,关键是用自己最美的姿势站起来。"然后让他们一起朗读"风,跌倒了/才有了美丽的落叶/云,跌倒了/才有了滋润大地的雨水/太阳,跌倒了/才有了静谧的/夜晚"一节。最后,让他们读屏幕上的话:"跌倒了,但不气馁,继续坚持,只要有信心和勇气,就能产生另一种美。"这次晨诵后,孩子们在学习、纪律等各方面都有了很大改观。

③ 艺术塑造生命魂。

古人云:"独学而无友,则孤陋而寡闻。"一个人走得快,大家一起走得远。所以,从三年级上学期开始,李老师就在班里倡导亲子共读,希望家长陪伴孩子成长。

为了让亲子共读有深度,李老师要求每个家庭每学期进行一次亲子童话剧展演,可以是单个家庭出节目,也可以是几个家庭组合出节目。在准备童话剧的过程中,家长和孩子一起沉下心来阅读,跟孩子讨论书里的角色、情节,真正地融入孩子的阅读生活中。

睿是同学眼里的"坏孩子",他在亲子童话剧《夏洛的网》中扮演夏洛,家长说:"孩子就像着了魔似的,在家里对着镜子练习,连饭都顾不上吃,甚至做梦都在说台词……"他演得很逼真,获得了最佳角色奖,并因此找到了自信,结束了各科考试成绩都不及格的历史。

究竟是什么让这样的生命苏醒过来?其实,真正让其苏醒过来的，是一种朴素的生活方式——丰富的读书生活。

如果说阅读提升了他们的精神颜值的话，那么，思考则沉淀了岁月的记忆。

// 写作，因你而深邃

叔本华说过："读书是走别人的思想路线，而写作才是走自己的思想路线，只有经过自己的思想路线，把读书得来的知识消化掉，才会变成自己的东西。"

2014 年 4 月，李老师为山东省小学习作教学观摩研讨会提供了一节公开课。

李老师以积极的心态准备着，她潜心研究学生，思考怎样在最短的时间内让他们快速适应自己的教学方法。上课前，学生所在班级的老师告诉她，班里有两个成绩很差的学生，为了保障上课效果，最好不让他们参加。李老师没有同意，她认为，课堂效果是由老师，而不是由学生决定的。在课堂上，她驾轻就熟，跟学生配合得非常默契，虽然学生的感情表达得不是那么到位，他们的表现不够完美，但是，他们能完整地叙述一件亲身经历的事，并从这件事中有所感悟，已经非常难能可贵了。李老师宣布下课时，学生还没有回过神来，宣布第二遍时，他们才反应过来。他们的眼神告诉她，他们非常喜欢这堂课。

同年 5 月，著名儿童文学作家童喜喜听了一节李老师执教的以"一件难忘的事"为主题的习作课。

课前李老师让孩子们广泛地阅读，仔细地观察，做了充分的准备。课堂上，先回顾了单元写作方法，然后她给孩子们出示了这样的提示：你想用什么事，表达什么情感？怎样开头？重点部分和结尾分别怎样写？

面对这样的提示，孩子们静静地构思起来，不到两分钟时间，全班孩子的小手都举了起来。

洋的小手举得最高，他胸有成竹地说："我的题目是'无言的爱'。我想用警察默默无闻地坚守在自己的工作岗位上这件事，表达我对警察的敬佩之情。开头用抒情式；重点部分写警察叔叔一年四季坚守在自己的工作岗位上，奉献着自己的青春；结尾用抒情式，首尾照应。"

"你的题目很新颖，富有诗意，老师很欣赏你！"

然后，李老师把目光扫向坐在角落里的一个小女孩，她抹着眼泪，看来已经抽泣了良久。李老师示意她站起来，她泣不成声地说："我的题目是'悔'，我想用妈妈生前对我严格教育，而我却误解她的事，表达我对她的愧疚之情。开头用倒叙方式；重点部分写妈妈对我的严格教育和我对她误解的过程；结尾写我悲痛的心情。"

"孩子，你为什么哭呢？"

"以前都是我妈妈来接我，现在她再也不能来了，我看到同伴们有父母陪伴，就触景生情，不听话的眼泪老是在眼眶里打转。"

"孩子，你不是用笔、用嘴写作，而是用心在写作呀！老师也被你感动了。"

童喜喜听后激动地说："你的习作教学很有特色，很接地气，我找到了苦苦追寻的提高学生口语习作水平的突破口，这正是我们需要的课堂！你设计的思维导图很好！"

// 议论，因你而明晰

叶圣陶说："语文教材无非是个例子，凭这个例子要使学生能够举一反三，练成阅读和作文的熟练技能。"

李老师的习作教学法吸引了许多人前来学校听课。

这是一节以"我喜爱的动物"为主题的习作课。师生回顾了单元主题后，进入小组讨论环节，“雏鹰组”正激情飞扬地讨论着《白鹅》这一课的写作特点。在组长博宇的主持下，小组成员各抒己见，听课的老师也被吸引过去了。

博宇俨然是个小老师，他说：“学习了《白鹅》一文，你学到了什么表达方法？首先，在布局谋篇上有什么特点？”

雯说：“总分结构。”

“文章在选材上有什么特点？”博宇微笑着扫视全组同学。

潜说：“是从鹅的叫声、步态、吃相三个方面写的。”

“文章运用了哪些修辞手法把动物形象写得栩栩如生？”

琳说：“运用了比喻、拟人、反语等修辞手法。”

雯说：“反语更能表现作者对鹅的喜爱之情，还将鹅比喻为‘鹅老爷’。”

博宇说：“作者正是运用了这些修辞手法，让我们感受到了鹅的高傲，表达了对鹅的喜爱之情。这是鹅的特点，也是作者要表达的中心。”

然后，李老师用同样的方法，和学生回顾了这一单元四篇课文的写作特点，再提炼本单元的写作方法。

“本单元用了哪些写作方法？细心的孩子一定会知道。”

怡说：“抓特点：外形、生活习性等。”

涵说：“按顺序：总分方式。”

倩说：“恰当地运用修辞手法：拟人、比喻、反语、夸张……”

楠说：“运用对比、细节描写的方法。”

李老师告诉孩子们，除了认真观察外，作者正是运用了这些方法把课文写得如此吸引人。然后让他们根据本单元的写作方法，写一写自己喜欢的一种小动物，用具体事例写出它的特点，表达出自己的真情实感。题目自拟。

有了方法的写作就是不一样，孩子们一气呵成，只用 20 分钟左右的时间，就写出了一篇篇个性化的作品，效率之高让人惊叹。

// 畅述，因你而精彩

叶圣陶说："小学校里应当把训练儿童说话这件事看得极其重要。这不单是国语科的事，也不单是国语教师的事，应当是各科都要注意的事，是全体教师都要注意的事。"其实，在阅读和写作之间，有一座绝佳的桥梁——说。说，连接着读和写。打通读和写，只需通过规范说来实现。

瑞是个沉稳的孩子，他在口述《难忘的一件事》时说，他的家长对他的教育方式简单粗暴，他们稍有不顺就打骂他，他真的很厌烦这种方式，郁闷、彷徨、无奈之际，就在日记里写了一首诗表达内心的想法。

我的生活就像天地的变化，
天是我爸爸，地是我妈妈。
只要天一黑，就是我爸爸在骂我，
只要地一震，就是我妈妈在打我。
可以打，可以骂，
我像一棵光秃秃的小草！

李老师在他的日记中写道："孩子，你很懂事，从诗中我了解到了你的处境，你有一颗善良的心，当你爸妈看到这首诗时，一定会心动的。"

瑞妈发现后果然着急了，第二天，瑞的父母一脸窘态地一起来到了学校，一见到李老师就问："老师，这几天孩子在学校有没有特别的表现？我们夫妻俩实在是不会管教孩子，工作又忙，回家又晚，没有时间跟他交流。瑞也不争气，放学回家就看电视，作业总写不完。老师，我们该怎么做？”

李老师告诉他们，要改变孩子，最好的方法是家长陪伴孩子阅读，从阅读中找到跟孩子交流的语言密码，让他打开心门，坦诚地说出自己的想法。

“只要能改变孩子的坏习惯，我们就是不工作，也要陪伴孩子读书。”家长恳切地说。

“瑞其实是个好孩子，你们只是没注意观察罢了，他活泼、善良、善于表达、爱好写诗。他还经常主动帮助值日生扫地，哪个孩子没带笔，瑞就会主动把笔借给他，这是一种难能可贵的品质。”李老师像是给家长打了一针兴奋剂。

“听您这么一说，我们就放心了，只是昨天晚上，我们看了他写的诗，有些担心，所以……”家长如释重负，咧开嘴笑了。

瑞的父母回家后反思了自己的行为，抽出时间陪瑞阅读，耐心地倾听瑞的心声，不再用暴力的方式教育瑞了，瑞变得上进了，跟父母的关系也变得和谐、融洽了。瑞感受到了从未有过的幸福，于是又写了一首诗表达自己的想法。

天是我爸爸，地是我妈妈，
只要天空蔚蓝，就是我爸在夸我。
只要大地青青，就是我妈在爱我，
有人爱，有人夸，
我的生活就像天地的变化！

瑞的妈妈看到这首诗，高兴极了，给李老师打电话说：“按照您的方法去做，孩子变了，真的变了，他脸上写满了笑容，对大人有礼貌了，也能感到幸福了。”

瑞喜欢用诗表达自己的想法，瑞的自由诗越来越有诗的味道了。

习作课上，孩子们在用心、用情述说着生活故事。如果没有切肤的体验，他们就很难有真情流露。这些优秀的作品是他们阅读和生活体验的本真袒露，是他们真情的自然表达。

坚守心灵深处的蜕变

成长就是蜕变，必须经历疼痛，必须付出，只有这样，那破茧成蝶的美丽，才属于我们。

在习作教学改革开始的几年，李老师经历了一段漫长的苦闷、彷徨的探索过程。在课程开始实施阶段，困难重重：那时没有教科书，也没有教参，只能边实践边摸索；学生起点低，不会搜集素材，不会观察、体验生活，不会选材、立意、布局谋篇，口述作文时磕磕绊绊，并伴有胆怯心理；一开始没有书，没法儿共读，有了书后，又困惑于怎样阅读才能更有效……

为了孩子们写作水平的提高，李老师亲力亲为，没少下功夫。双休日，她经常在家长的陪同下带领孩子们走进自然、走向社会，指导他们观察、体验；课堂上，她总是陪伴孩子们静心阅读，跟他们交流阅读的感受；她还不厌其烦地为孩子们做口述示范，手把手地教他们口述技巧……

不管遇到什么困难，李老师都不忘初心，在坚持中前行。

一路同行的惊喜

李老师很喜欢泰戈尔的这句诗：“不是槌的打击，乃是水的载歌载舞，使鹅卵石臻于完美。”李老师的习作教学就是且歌且舞的流水，是它滋养了孩子们的生活，丰盈了孩子们的生命，使孩子们的人生臻于完美。

// 生命在绽放

李老师的习作课程减轻了孩子们的课业负担，实现了课堂的高效。孩子们不再为写作而烦恼，而且把写作变成了生活的需要，变成了一种享受。

随着一届又一届孩子的毕业，李老师惊喜地看到，在他们心田播下的写作的种子，正在他们情感的笔尖绚烂绽放。他们升入初中后，学习成绩在班里遥遥领先，在各级作文竞赛中捷报频传，在各自的班里发挥着榜样带头作用。

// 班报飘墨香

李老师的班里出了一百余期《班级作文周报》和《个人专刊》，每个节日，学校、班级的每次活动，社会上的重大事件，一个故事，一场电影，一篇课文等都是他们共同讨论的话题。很多孩子都愿意将自己每天的所见、所闻、所感倾诉于笔端，然后等待自己的名字出现在班报上。班报虽小，但它是暮省的阶梯，每一篇记录，都往脚底下垫了一块小小的基石，日积月累，奠定了他们成长的高度。

在这充满劳绩、历久弥香的路上，李洪芹老师低吟浅唱，奏响了生命中最美妙的乐章。

戏剧点燃精彩

袁丽

人·物·印·象

袁丽，山东省临朐县第一实验小学语文教师。潍坊市首届学科育人示范标兵，潍坊市教学能手，潍坊市优秀班主任。

她把戏剧融入语文教学，把课文改编成课本剧，把整本书阅读搬上舞台，开创读者剧场、创意语文戏剧。她用戏剧激发了学生的学习潜能，赢得了家长及学校的广泛赞誉。她将用戏剧继续书写属于她和孩子们的人生传奇。

袁丽老师一直在带领学生做戏剧课程，她在教好语文课本的基础上，每周拿出一定的时间进行儿童戏剧教学。

袁老师通过戏剧教学给学生带来了无限的欢乐，大大提高了他们的核心素养，使他们阳光、快乐、自信、博学。

做别人眼中不可思议的事

// 她有一个戏剧教育梦

作为一名语文老师，袁老师一直在苦苦追寻怎样让学生爱读、乐写、善表达、善表现，但是班里总有几个不愿写字、很愁背诵的学生，短短一首古诗，一周都背不下来。一次排练课本剧时，袁老师发现最愁背诵的一个学生居然能在半天时间里背出近 1000 字的剧本。这个发现让她兴奋不已，更加坚信自己找到了适合每个学生的课程 —— 儿童戏剧课程。

袁老师按捺不住激动的心情，迫不及待地查找有关戏剧教学的方法，她发现戏剧课程是欧美国家中小学的一门常见科目。她想，自己为何不能成为戏剧课程的研究者和实践者呢?

打开网页，搜索“戏剧”，袁老师看到了全国各地很多中小学都有课本剧比赛、汇演，但是，他们一般都是在搞活动时排演一两个课本剧而已，真正对编演戏剧进行系统研究的学校极少，对戏剧课进行开发的学校更是少之又少。袁老师觉得到了必须开戏剧课的时候了。

“从今天起，我要教大家演戏。”当袁老师在教室里宣布这一决定时，学生哗啦啦地热情鼓掌。可同事们却吓了一大跳，他们认为儿童戏剧教学就是教学生演戏，领着学生玩，那学习成绩不就一落千丈了吗？在他们看来，这简直就是不务正业。而且家长非常不理解，有家长打电话质疑她不会带班，更有甚者直接找到校领导要求换老师……但再大的困难也没能动摇袁老师对戏剧教学的追求。面对家长，她总是晓之以理、动之以情地解释、沟通，并保证孩子的学习成绩不会下降。

此时，摆在袁老师面前的最大困难，是没有现成的戏剧课教材和课件、没有戏剧教学经验可借鉴。她只好想方设法打听教育戏剧培训信息，只要听说哪里有教育戏剧专家的身影，不管多远，她都想办法去听课、听报告。经过一段时间的努力，她近距离接触了香港、台湾的教育戏剧专家王添强、叶炜婷、葛琦霞、吴青烨、张晓华等，学了不少戏剧教学技巧，然后她把这些技巧渗透到教学中来，教学效果越来越好。

// 梦想照进现实

袁老师发现2011年版《语文课程标准》指出："重视学生读书、写作、口语交际、搜集处理信息等语文实践，提倡多读多写，改变机械、粗糙、繁琐的作业方式，让学生在语文实践中学习语文，学会学习。善于通过专题学习等方式，沟通课堂内外，沟通听说读写，增加学生语文实践的机会。"有了理论支撑，袁老师便开始把一些戏剧元素渗透进语文教学中。以《卖火柴的小女孩》为例，这篇课文袁老师至少讲过5遍，以往教学重点都是讲述小女孩5次划燃火柴看到的景象，让学生感受小女孩的悲惨遭遇。后来，她带领学生将《卖火柴的小女孩》编成了课本剧。首先，创设情境，依次设计了除夕夜的丹麦街头、圣诞节的家庭氛围、小女孩的幻觉、众人对小女孩的救助等几个场景，通过这些场景，将故事内容鲜活地呈现在学生眼前。然后，她让学生设计、绘制背景图，朗读、演绎故事情节，用肢体和语言表现人物形象。就这样，学生的思维被激活了。

通过创编课本剧，袁老师惊喜地发现学生的天性被激发出来了：有的具有领导才能，有的擅长绘画，有的长于语言表达，有的善于组织……她说："通过创编课本剧，把文本交给学生，把课堂还给学生，把学生的内在驱动力调动起来，让学生学得轻松，学得扎实，学得起劲。现在没有现成的教案，没有烦琐的分析，没有写不完的作业，有的却是学生对语言、文字的热爱，对表演的热衷，对学科的浓厚兴趣。这不就是我们一直在苦苦追寻的理想教育吗？"

此时，在西方很受推崇的教学方法——"读者剧场"进入了袁老师的视线。小学语文阅读教学的目标之一是有感情地朗读课文，而通过"读者剧场"完全可以实现这一目标。它无须使用戏服、音效、场景等舞台装饰，而是在最简单的形式下，在学生想象的场景中，由学生先将文本改编成剧本，然后手持剧本在同学们面前以声音、表情呈现剧本的内容。它注重的是各个年龄段、各种阅读水平的学生流利顺畅、抑扬顿挫、有表情地朗读，它是朗读与戏剧的创意结合，很受学生的欢迎。"读者剧场"通过选取文本、改编剧本、选定角色、创作台词、演员排练、呈现剧本等环节，把平面的文本形式改成了戏剧形式，经过排练、演读，又变成了立体、形象、直观、生动的情景和人物形象，达到了让学生创造性阅读与创造性写作的目的，进而促进了学生语文素养的提升。

虽然"读者剧场"的操作流程简洁明晰，但剧本的创编和演读需要大量时间，将之作为常态化的语文教学方式，势必缺乏充分的时间保障。因而在语文教学中，不必每篇课文都采用"读者剧场"固有的程式教学，而是直接提取其精华用于某个教学环节或板块。

比如，在教学人教版二年级下册《画家和牧童》时，师生之间进行了以下交流。

师：一幅斗牛图，在戴嵩的笔下很快就完成了，假如你是围观的人，你会对他说什么？

生：太像了，太像了，不愧是著名的大画家！

生：画得真是太像了，就跟真的一样。

生：画活了，画活了，这真是绝妙之作呀！

师：这么多人你一言我一语地夸赞，就是“纷纷夸赞”。（师出示这个词）想来演一演吗？请一个同学扮演画画的戴嵩，其余同学扮演围观的人纷纷夸赞他。

袁老师在教授“纷纷夸赞”这个词时，通过创设情境，让学生参与其中，成为围观人群中的一员，在参与中体验，在体验中领悟这个词的意思。学生自然地入情入境，将课文中的语言创造性地转化为自己的语言。这样的教学收到了良好的效果。也许这就是“读者剧场”的价值！

经过一段时间的实践，袁老师发现“读者剧场”与语文教学“联姻”，促进了学生向积极语用昂然迈进，它以思为内核，以听、读、视为输入，以说、写、评为输出，让学生在极为生动且富有情趣的语言实践活动中，提高了对语言的敏感度，进而促进了学生语文素养的提升。一年下来，她的班级的语文成绩不仅没有下降，反而名列年级首位，让家长和同事们都刮目相看。

当戏剧成为课程时，我们曾经寻寻觅觅而不得的直入心灵、唤醒生命的理想教育形态就被找到了。

// 没有“表演”的戏剧课

这不是传统意义上的课堂，没有讲台，没有书桌，没有老师和学生的明确界限，但这是一个有戏的课堂，每个人都乐在其中，每个人都在演绎着属于自己的小小情节。

又是一节戏剧课，只见学生围成一个圆圈，在“同学们好”四个字中，大家随意选择了“好”字进行身体写字活动。只见袁老师马步微蹲，用手指在空中画出一页“纸”，然后用手在这“纸”上画字。示范后，袁老师问：“哪位先生或小姐愿意跟我一起来用身体的不同部位写字？”

一个小男孩举起手，袁老师伸出手请他上去，问道：“请问先生贵姓啊？”小男孩蒙了，不知如何回答。袁老师换个方式问道：“请问你叫什么名字呢？”男孩答：“我叫吕小伟。”袁老师郑重地说：“吕先生，你好！”并握了握男孩的手。袁老师一说出“吕先生”这个词，下面的学生就“噗嗤”笑起来。袁老师没笑，继续郑重地说：“吕先生，你想用身体哪部分写字呢？”小男孩选了眼睛。于是两人一同用眼睛画字，模样怪诞，下面的学生都在笑。“吕先生”归位后，袁老师又请一位“张小姐”前来画字。手、脚、肚子、耳朵……学生用各个身体部位画字。相比于画字，他们似乎更享受作为先生和小姐上前的感觉。

四十分钟后，活动结束。这样，这堂课就上完了吗？不是还没有看到学生表演吗？这就是戏剧吗？参与者穿着戏服，惟妙惟肖地上台表演才是戏剧呀！如果让参与者达到儿童戏剧表演的水平，让戏剧艺术地呈现于舞台上，就需要他们在台词、演技等方面拥有较高的水平，需要他们精益求精地反复排练，这需要消耗大量时间和精力。所以，袁老师的戏剧课，不是让学生做专业的戏剧训练，而是在某个活动中带入一点儿戏剧元素，比如，赋予一切没有生命的物体生命。课堂上，任何一个东西，比如眼镜盒、矿泉水瓶等，都可以拿来当道具。实在找不到东西时，还有手指头，师生可以用手指头把看到的、听到的都表演出来，把它们演绎得惟妙惟肖。

学生喜欢的不是豪华的舞台背景、靓丽的衣服，而是简单、好玩的创意。一开始，袁老师通过一些简单的游戏表演来激发学生对儿童戏剧课的兴趣。

这是一把椅子，第一个人走过来坐下，跷起二郎腿，用手指搓了搓脚，然后猛地一拍大腿说："我和了！"这是打麻将时的椅子。第二个人盘腿坐下，几秒钟后她扬起兰花指，压扁了嗓子说："小顺子，停轿。"这是一把古代宫廷轿子里的椅子。第三个人坐在椅子上背对着大家，猛然他抬手在虚处一拍，然后急速转身，他还没来得及说话，已经有人笑着大声喊道："《中国好声音》导师的椅子！"……这只是摆在教室里的一把普通的椅子，但通过学生丰富的想象和简单的表演，它变成了30多把不同意义的椅子。

戏剧课上，袁老师不断启发学生用自己的语言和动作去创编、表演，鼓励他们挑战自我。学生的表演既没有既定的脚本，也没有固定的表情和动作，而是充分让他们自己去想象。他们在音乐声中表达自己，释放自己，欣赏自己，愉悦自己。袁老师则在快乐的氛围中见证着他们一次又一次能力的提升。

// 不是为了戏剧而戏剧

戏剧课从一开始由老师举办戏剧专题讲座到由学生举办体验式、辩论式的戏剧论坛，再到语文课上学生轮流当小老师自己讲课，全班学生参与教学……袁老师不用在讲台上滔滔不绝地讲，而是与学生一起探讨，倾听他们的讨论，给他们个别指导，课堂上其乐融融，充满生命活力。

在学习《晏子使楚》时，有一名学生提议演一演晏子和楚王。袁老师想，何不趁机来学习一下剧本这种体裁！

袁老师首先教学生把课文改写成剧本。

“剧本？老师，剧本是什么？”学生一提到作文便皱起眉头，更何况是听都没听说过的作文。

“我们看的电视剧、电影，要让演员表演，首先得有剧本，这样演员才能根据剧本进行表演。”

“我明白了，就是台词。”

“你真聪明！基本上是台词。假如这回你的剧本入选了，你就是这出戏剧的编剧了。”

学生一听，马上跃跃欲试。袁老师趁热打铁，首先让他们学习《半截蜡烛》这一剧本，弄清剧本的结构、需注意的问题，然后再动笔改编。这节课结束时，大部分学生都把《晏子使楚》改编成剧本了。

审阅学生的剧本时，袁老师不得不佩服他们的创新精神。一些学生在人物安排中加了宫女，她们举着芭蕉扇站在楚王后面，以衬托他的威严；一些学生给文中的大臣写了台词，并让他们有忠奸之分，不至于呆坐在那儿做陪衬；一些学生安排了守门的侍卫，通报晏子的到来；更加巧妙的是，一些学生拿来了柑橘做道具，在表演楚王设宴招待晏子时，让宫女捧上，并让其中一位大臣边吃柑橘边说：“我国的柑橘真是又大又甜。”此时，晏子很自然地发表他的“淮南柑橘，淮北枳”的观点。

最后，综合了大家的优点，《晏子使楚》的最终剧本诞生了。袁老师对他们说：“编剧，就写‘五年级二班集体创作’吧。”

最难的是选演员，学生个个把手举得高高的，生怕老师没看到，与平时的课堂大不相同。最后尘埃落定，选中的喜上眉梢，没有选中的非常沮丧。如何安抚没有选中的学生呢？大家再次商量，决定让他们充当舞台背景和道具。于是，刚刚还沮丧的学生顿时两眼发光，全班每一个学生都参与其中。

此后，学生便紧锣密鼓地一边排练，一边不断完善剧本。袁老师还让几个有美术功底的学生制作道具。他们根据课文中的插图，用各色卡纸做出了一顶顶帽子。做楚王的“珠帘冠”时，为了节省开支，袁老师发动全班学生收集珠子。为了做一座像样的城门，他们绞尽脑汁，终于想到用泡沫板……

可服装怎么办呢？宫女的服饰还好办，借用学校舞蹈队的服装就行；囚犯的也好办，一套黑衣，贴个“囚”字就行；楚王、晏子、大臣、士卒该穿什么呢？到哪儿去找古代的服饰呢？眼看演出的日子越来越近，袁老师心急如焚。士卒穿的铠甲是硬硬的，“硬硬”一词触发了睿敏同学的灵感，他决定将硬纸壳剪成条条贴在胸前做铠甲。幸亏他的奶奶懂一点儿裁剪技术，很快就给士卒量身定做了一身铠甲，并用牛皮纸做了一双靴子。最后终于借到了几套古装戏服给扮演楚王、晏子、大臣的学生穿。服装问题终于解决了。

既兴奋又紧张的时刻终于到来了，他们可是大姑娘上花轿——头一回上舞台，演好了，会鼓舞士气；演砸了，可能会影响班里戏剧课程的开设。弹古筝的学生一拨琴弦奏起《高山流水》，演员很快进入角色。演出非常成功，尽管有些失误，却增添了几分乐趣，短短的演出时间，观众接连爆发出欢乐的笑声。

回到教室，学生还在兴奋地议论着，一个学生背起了台词，全班学生跟着背了起来。袁老师趁热打铁，让他们围绕这次活动写作文。他们毫无怨言，一节课后，洋洋洒洒地写满了一两页稿纸，单是题目就令人眼花缭乱：“精彩的演出”“表演乐”“我们的导演”“过把‘演员’瘾”“排练趣事”……内容更是丰富多彩：有的写准备道具，有的写排练趣事，有的写精彩的表演，有的描写舞台布置，有的刻画自己演出的心理……批阅他们的习作，让袁老师一次次忍俊不禁。

也许，这就是儿童戏剧的魅力所在，它不以学习戏剧知识和表演技能为目的，而是将戏剧的元素设计进去，让学生体验，让他们都能成为小小“演员”。

大家一起来演戏

袁老师将班级“戏剧节”定在每年五月份。在戏剧节上，全班学生都身着戏装，上台表演。在筹备、举办戏剧节的一个月时间里，学生根据各自的兴趣、爱好和特长，或参与剧本的策划、编写、修改，或自告奋勇地当小演员扮演剧中角色，或参与服装、布景的设计和道具的制作，或参与宣传海报的设计……课前课后，浓郁的舞台气息扑面而来。这个剧组正在摩拳擦掌，把课文的精华部分演绎成精彩的课本剧。那个剧组则在热烈讨论台词，或议论服装的搭配、道具的摆放。还有的剧组又是音乐又是锣鼓又是热烈的掌声，不知情的还以为他们在开展现场辩论赛。更有学生主意多多，精心制作邀请函，请家长、其他班同学去欣赏他们的小剧目，有趣的是还在邀请函上特别注明：“谢谢光临，请提宝贵意见。”他们真是诚恳哪！还有的在美术老师的指导下，设计了形式多样、内容活泼的宣传海报：《哇，我们的戏剧节开始了》《属于我们自己的欢乐节日到了》……每一张个性化的宣传海报，总能招来不少学生围观，他们在海报前品评着，掐指算着戏剧节来临的日子，戏剧节成了袁老师班级生活的焦点。

// 表演前奏曲

2016 年 5 月 31 日，临朐县第一实验小学的校园里到处彩旗飘扬，一片欢声笑语，大家沉浸在节日的欢乐气氛中。你看，操场上搭起了小舞台，铺上了红地毯，两旁挂起了彩色的气球。台下布置起了海报墙，上面十多幅学生自己创作的戏剧节海报——《走进戏剧，演绎精彩》《让我们踏上戏剧的舞台》《我的舞台我做主》《拥有戏剧　拥有梦想》等，显得格外醒目。海报上“米老鼠”“小鸭子”“梦幻王国”等让人眼花缭乱，好像步入了梦幻的神奇世界、戏剧的魔力天地。

在校园里醒目的地方，还可见到一张张节目单。

1. 情景剧《赠汪伦》
2. 音乐剧《家国情怀》
3. 课本剧《半截蜡烛》
4. 童话剧《夏洛的网》
5. 校园剧《书润心田》
6. 绘本剧《1只小猪和100只狼》
7. 手偶剧《滥竽充数》
8. 童话剧《幸福是什么》
9. 课本剧《卖火柴的小女孩》
10. 哑剧《凳子上的钉子》
11. 话剧《茶馆》

这张名为“五月，我们的戏剧大餐”的节目单，涉及题材非常广，时间跨度非常长，演员阵容非常齐（全体学生参与表演），怎不让人期待？

在学生自编、自演、自导的戏剧节中，每一个学生都没闲着，从角色竞选、道具安排、服装选择到排练预演，他们忙得不亦乐乎，老师只是顾问。他们排戏的劲头很大，早上在走廊上练，中午在家里练，课间在教室里练，任何课余时间都在练。每个剧组都想在戏剧节期间露一手。

// 演出进行时

终于，戏剧节在学生望眼欲穿的等待中到来了。校园里到处洋溢着浓浓的欢乐气氛。学生像过节一样穿上自己喜欢的演出服装，脸上挂着幸福的微笑。看！童话剧《夏洛的网》中小老鼠坦普尔顿东瞅瞅，西望望，狡猾地寻找着美食，一块大饼进入了它的视线，它点着头得意洋洋地笑了，那副馋相引得观众捧腹大笑。幽默滑稽的哑剧《凳子上的钉子》让台下的学生差不多把嗓子喊哑了，把手掌拍麻了。音乐剧《家国情怀》让大家穿越时空、满含热泪地目睹了“岳母刺字”这一震撼人心的场景。而舞台上一声声“二位爷，您来了”“大清朝要玩完哪”“他又活了”等让人们仿佛又走进了老北京的茶馆……

精彩的表演加上台上台下有趣的互动，让整个校园沸腾着。

// 明年再相见

无论是演员，还是观众，他们的心都和剧本紧紧相连，他们为蜘蛛夏洛的命运而难过，也为晏子的聪明机智而鼓掌。课本剧《半截蜡烛》《卖火柴的小女孩》等，让学生感到既熟悉又亲切，原来语文课中也有戏剧！没有设备齐全的剧场，也没有专门布置的舞台。但演员、观众并没有因为剧场的简陋而影响情绪，他们个个情绪昂扬，小脸上洋溢着激动、兴奋的光彩，沉浸在戏剧节所带来的感动和兴奋中。

学生们在演戏过程中收获了许多东西:《幸福是什么》让他们明白了幸福是靠劳动得来的,《夏洛的网》让他们感悟到了生命存在的意义,《书润心田》则使班级形成了“读书好、读好书、好读书”的氛围……他们不仅在看戏的过程中收获了人生道理，而且在排演的过程中收获了成长的快乐。茗月同学是一个胆小、内向的女孩，她说这次戏剧节让她勇敢地站上了舞台，以后她再也不会一上台就脸红了。菀舒把李白演活了，她说自己都成校园名人了，走到哪里都能听到同学们喊她“小李白”。学习之星明宇则说：“原先我学习很好，就以为自己是最棒的，现在排练了戏剧才发现人人都很棒，都值得我学习……”

学生们成长着，快乐着。戏剧中生动的形象，精辟的台词，丰富多彩的布景、服装、道具等，培养了他们的审美情趣，增强了他们对艺术之美的感受能力。戏剧节在全体师生的掌声和欢笑声中落下了帷幕，在学生们“明年戏剧节再见”的欢呼声中落幕了。在戏剧节中，所有学生都领略到了戏剧的神奇魅力，体验到了做编剧的艰辛、做演员的快乐、做观众的兴奋，锻炼了自我表现能力和表演才能。

从 2012 年语文学科开始渗透戏剧教学，到后来各学科陆续开展主题式戏剧教学，再到现在以儿童戏剧为支撑重点打造“儿童教育戏剧跨界课程”，临朐县第一实验小学的课程改革，正在抒写着自己的精彩。学校《儿童戏剧课程纲要》已经出炉，它对语文、英语、美术、音乐、思品等课程进行了统整，涵盖了所有学段的所有学生，并将能丰富学生感知、完善学生人格、提升学生能力、促进学生身心全面发展的儿童戏剧教学纳入了课表，融入了学校的课程教学和校园活动中，让学生在更广阔的舞台上展示自己，在轻松、快乐的校园生活中拥有值得追忆的幸福童年。

“大家一起来演戏，明年我们再合作”，学生们已经预约下一届戏剧节了！

戏里戏外皆精彩

//“有戏”的老师

袁老师为了开好戏剧课程，先从戏剧表演学起，然后尝试着带领学生写剧本、学排练、配音乐、做道具……语文老师、音乐老师、美术老师、信息技术老师一身担，袁老师要倾注很多精力。创设的剧目尽量确保人人参与，不管是做主角还是做配角，哪怕是做一棵树、一朵花，只要可以上台，学生都非常愿意。

学生喜欢的一些童话、绘本故事以及他们百读不厌的经典故事都被袁老师拿来创作剧本。角色完全由学生自主推荐或毛遂自荐，遇到抢角色的问题，就由所有学生充当裁判，看谁更能胜任。舞台、服装、道具等都是学生和老师、家长一起利用废旧物品制成的。

在剧本实施的过程中也会遇到一些实际问题，有的故事较长，人物较多，班里人数不够；有的故事比较简短，人物较少，角色分配不过来。每个年龄段的学生接受能力不一样，面对低年级的学生，袁老师运用“减法”，让故事情节简单易记；降低表演上的难度，用贴近儿童生活的情节替换原文中的情节；降低语言上的难度，把书面化的语言变成口语化的语言；筛选教育意义，让重点更加突出。面对高年级的学生，她运用“加法”，让故事情节更加丰满。比如，改编《开心农场》时，创编第一幕“咕噜咕噜农场”，让剧情更加完整、丰富；创编第四幕“和农场主比本领”，让集体活动更加有趣；创编第五幕“母鸡智得电热毯”，让剧本创编富有新意……这让每一个学生都快乐地参与其中。

经过一段时间的实践、磨合，学生喜欢上了这样的教学方式，袁老师也有了巨大的收获：班上每一名学生都那样优秀！那些平时沉默寡言、成绩平平的学生，思维竟然也那样敏捷、深刻，原来他们一样有巨大的潜力可挖。

//“有戏”的学生

“大家一起来演戏”已经成为袁老师班级的特色。每天袁老师都会偷偷地告诉几名学生他们今天的角色是什么——小组长、小老师、小班长、学习委员甚至班主任等，放学前请全班学生一起来猜他们承担的是什么角色。学生们被这一新颖的做法所吸引，每天要么认真地扮演好老师布置的角色，要么仔细地评价承担角色的同学的表现。这让学生都变成“有戏”的学生。

班有“翟导”

说到当“导演”，翟月琳从五年级一直干到六年级。一路掌声一路大奖，当然不是给她的，是给演员们的，他们都是翟月琳的好伙伴。

为了准备毕业汇演，翟导特地挑选了经典话剧《茶馆》。她已经做好了“难于上青天”的准备，因为这是名剧，仅第一幕就需要三十多个演员。三十多个呀！这可是班里同学的二分之一还要多，而且每个人物都有独特的性格特点，依据人物特点，经过多次竞选和权衡，费了九牛二虎之力，总算把演员选定了。

带领班上三十多个调皮的同学排练，对翟导来说也是不小的挑战。演员热了，她给他们抱衣服；演员渴了，她又四处去找水。跑前跑后的，简直就是个保姆。可他们还总是不听话，好在翟导有办法对付。对表现好的，只要一有空儿她就变着法儿地夸；对表现差的，她也会像老师那样严肃地板起面孔，“教训”一番。

最令翟导着急上火的是演员的表演总不到位，北京方言不够地道，服装道具难设计……好在有老师帮助，所有困难都克服了。终于要上台正式演出了，只见她有条不紊地安排着演员、音响、道具等，当听到台下传来热烈的掌声时，她高兴得手舞足蹈，比自己上台还高兴呢！

班上精彩的故事每天都在上演，孩子们的校园生活因戏剧而变得多姿多彩。

//“有戏”的童年

“我们要用戏剧课程画出最美的童年！”袁老师激动地说。阳光、快乐、自信、博学，是她的班上学生的标志。从剧本到角色，从串词到动作，从按部就班到逼真入戏，学生们一次次地改进，一遍遍地磨合，忙得不亦乐乎。他们无暇再去打闹，上课也认真了许多，班里很快形成了“比、学、赶、超”的良好氛围，班级凝聚力越来越强，学习成绩越来越好。

其实，班级日常管理又何尝不是一部经典的“戏剧”！作为一名班主任，袁老师始终把班集体当作一个大舞台，在这个舞台上，学生是主角，班主任是导演，每个学生在班集体这个“戏剧”舞台上，享受着学习的快乐，体验着成长的喜悦。

同桌“争夺战”

早春三月，迎来了正式开学的第一天。袁老师走进教室，微笑着宣布：“同学们，大家好！新学期开学了，这个学期的同桌，由大家自由选择，现在开始！”听到这一消息的一瞬间，同学们有些不相信，你看看我，我看看你，直到老师重复一遍，才相信了。教室里立刻沸腾起来，大家由交头接耳变成了激动地喧闹和大声地争吵，找同桌、“抢”同桌的一幕上演了……

经过一番激烈的争夺、协商甚至讨价还价，同桌“争夺战”结束了，同学们都选好了自己的同桌。这时候，袁老师表情严肃地说："同学们，今天让大家自由选择同桌，是为了让你们今后相互了解，相互帮助，认真学习，共同努力，一起克服学习上的困难，使我们班能在和谐、友好的氛围中共同进步，争取更优异的成绩。如果自由组合的同桌，不能遵守课堂纪律，上课时经常讲话、做小动作、影响他人学习等，就将被剥夺自由选择权。大家说好不好？""好！"同学们异口同声地回答，并报以热烈的掌声。

就这样，同桌自由组合的新鲜事，在新学期的五（2）班诞生了。自主、合作、探究也成为日常的学习行为，同学们或6人或8人围坐在一起讨论学习、上台展示，为了小组的荣誉而奋斗……

学生的校园生活不再单调，班集体成了他们的舞台，他们每天在这个舞台上扮演着自己的角色，演绎着精彩的故事。

登上舞台、排练戏剧是袁老师的学生最自豪的事情，为此付出的努力和汗水也化作一个个美妙的瞬间留在他们童年幸福的记忆里。

虽然袁老师的儿童戏剧课程刚刚起步，但已经得到家长、同事、领导的支持，学生更是无比欢喜。儿童戏剧课程到底能给孩子带来什么呢？我想除了培养孩子的综合能力，更重要的是给孩子带来无限快乐。它会让孩子留下对童年生活、学校生活最温暖、最幸福的记忆，这些记忆就像一束光，可以照亮他们的一生。

影响教

恪守初心，执着坚守

李凤君

人·物·印·象

李凤君，山东省寿光市小学语文教研员。特级教师，山东省教学能手，山东省远程研修课程团队专家。

她二十五岁时就是山东省教学能手，因为优秀，她从一所普通学校被调到市教学研究室做教研员。十多年来，她带领语文教研团队不断研究，提出了『原点』教学理念。追问原点，思索原点，重构原点，在纷繁多变的现象中把握语文教学的本质，还原语文教学的本来面目。

2001 年 5 月，山东省寿光市教育局一纸调令将李凤君老师借调到寿光市教学研究室担任小学语文教研员。从此，她由一名优秀的语文老师变为一名普通的小学语文教研员。工作岗位的调整，意味着角色和工作性质的改变。当老师时，只要上好自己的课，管好自己的班就行。而当教研员，面对的是一个市的小学语文教师，面对的是全市的小学生，全市小学语文学科教学质量的好与坏、学生语文素养的高与低都和教研员有着密不可分的关系。寿光是一个比较大的县级市，全市小学生有近 7 万名，小学语文老师有 1500 多名。她感到肩上担子沉重。有压力才有动力，“用心教研，专心教改，做一名老师喜欢的教研员”，这是她对自己的要求，也是她前行的目标。多年来，她一直践行着这句话。

以身示范，坚守课堂

2004 年，李凤君老师成为于永正老师的徒弟。在拜师仪式上，于老师语重心长地说：“凤君哪，教研员，教研员，就是先教再研。教研员要亲自上课才能当好教研员。”正所谓亲身下河知深浅，亲口尝梨知酸甜。她谨记师父的教导，坚持上课，不脱离课堂教学。

2008 年，山东省青年教师小学语文教学研究会年会在济南召开，李老师在会上展示了一节课。她选是苏教版二年级上册《夕阳真美》这一课。这是一篇写景文章，语言特别美。根据《语文课程标准》的年段要求，结合教材和学生的实际情况，她确定了以下教学目标：①教给学生识字方法，培养识字兴趣，提高识字效率。②以读代讲，让学生在语言环境中识字，积累语言。借助简笔画、电教手段等，帮助学生理解语言。③指导学生写好“壮”字。

课堂上，她注重扎实的语言训练，采取合适的教学方法，采用不同的识记方法引导学生识记不同的词语，学生学得快乐、高效。对于课文中难理解的词，通过换词的方式引导学生理解。特别是课文的第二自然段，描写夕阳落山时的壮丽景象，采取先读文本并感知文本，接着看动画想文本，再读文本想画面的教学方法，由文本到图画，再由图画到文本，让学生对文本所描写的内容有具象的感知，化抽象为具体。这堂课得到了与会老师的一致好评。

对年轻老师，她也经常以身示范。2013年春天，她带着市里小学语文骨干教师去基层学校送课。一位老师执教《杨氏之子》和《孔融妙言对嘲笑》（课外拓展）的整合课，这两篇文章的共同点是人物语言的巧妙。设计的教学目标如下：①通过“想言外意”，感受人物语言的巧妙，体会杨氏子和孔融的聪慧、机智。②初步认识文言文，初步掌握文言文的学习方法。

教学环节的设计如下：首先，学习《杨氏之子》，精读掌握文言文的学习方法。①初读，认识文言文。②精读讲解，明白寓意。③品读语言，了解人物特点。④熟读背诵，积累语言。⑤总结学法（读——讲——品——诵）。其次，学生依照学法自学《孔融妙言对嘲笑》。

上完课后，通过对学生达成教学目标的情况进行测试，发现第二个教学目标“初步掌握文言文的学习方法”落实不到位。通过分析发现，这是因为这两篇文章文体不同——一篇是文言文，一篇是白话文，从而出现以下两个问题：第一，虽然学习《杨氏之子》时进行了学习方法的指导，但是，在学习《杨氏之子》时学到的方法，在学习《孔融妙言对嘲笑》时用不上。第二，《杨氏之子》是学生接触的第一篇文言文，朗读的停顿、语气和理解文本的意思等是教学的重点与难点。而《孔融妙言对嘲笑》是一篇白话文，它对文言文教学的重点、难点不能很好地训练。因此，让这两篇文体不同的文章共同承载让学生掌握文言文的学习方法这一教学目标，不合适。

经过调查、分析，李老师对教学内容、教学目标、教学流程等进行了调整。将教学内容调整为《杨氏之子》和《徐孺子妙答》（课外拓展）。这两篇文章的共同点是人物语言都很巧妙，均为文言文，篇幅都很短小。教学目标也相应地做了调整：①初步认识文言文，初步掌握学习文言文的方法。②正确、流利地朗读课文，背诵课文。③参照注释，理解课文的意思，体会人物语言的巧妙之处。

根据教学内容和教学目标，进行了以下教学设计：首先，学习《杨氏之子》，精读掌握文言文的学习方法。①读正确。借助拼音、注释正确读课文。②知大意。借助注释、插图理解每句话的意思。③悟表达。课文采取总分的写作方法，围绕“甚聪惠”一词展开，让学生感受到杨氏子的聪惠（此环节把语言表达的巧妙融入其中）。④背诵积累。在读正确、理解意思的基础上背诵课文。⑤总结学法（读正确——知大意——悟表达——诵积累）。其次，学生依学法自学《徐孺子妙答》。

这样的教学设计，效果怎么样呢？在学生“三不知”（事先不告诉学生哪位老师上课、上什么课、怎样上课）的情况下，李老师用这个教学设计到一所小学亲自执教。结果正如所设想的那样，课堂上老师教得简简单单，学生学得轻轻松松，课堂效率非常高。

成立学科教研团队，坚持教学研究

教研员就像一个舵手，引领一个学科航行的方向。16 年来，李老师一直坚守着自己的梦想——做一名研究型、专家型、学者型教研员。她自发组建了语文学科骨干教研团队，带着老师们研究课堂、教材、学法……2015 年，在多年研究的基础上，李老师提出了小学语文“原点”教学，这是十几年坚持做课堂研究的成果，凝结着她和老师们的智慧、心血和汗水。

小学语文“原点”教学是围绕学生的核心素养提出的旨在回归语文本体的教学。这里的“原点”，是“基础”“起点”“根基”“本体”的意思。从宏观上说，“原点”是指学生的核心素养，是在落实国家课程的基础上，适时、适度地拓展适当的教学内容，扎实进行语文实践活动，最终提高学生的语文素养。从微观上说，“原点”是指字、词、句、段、篇，在教学中通过扎实有效地训练学生的听、说、读、写，最终使学生掌握终身学习所需的基础知识、基本技能和方法，真正达到提高学生语文素养的目的。

小学语文“原点”教学是以教材为基础，以培养学生的语文核心能力为起点和终点，以语文素养为根基，以学科的本体内容为重点的教学。

现在，他们如是教语文。

// 快识字、早阅读、写好字

“快识字、早阅读、写好字”是第一学段“原点”教学的重点教学目标。第一学段要认识 2500 个汉字，做到在阅读中识字，以阅读贯穿三个教学目标，以读促识，以识促读，读写（“写”在此指写好字）结合，为阅读与习作打下坚实的基础。

以下是人教版一年级上册《日月明》识字课的一个教学片段。

师：刚才咱们认识了一些会意字，是不是很有意思啊？老师这里还有几个会意字，看看你们能不能根据这节课学到的方法，猜出这些字的读音和意思。下面开始抢答。

1. 拓展认读“歪”字

（教师用词卡出示“歪”字）

生 1：不正。

生 2：不对，这是一个字，“不正”是两个字，这个字读

wāi 吧？

师：什么意思呢？

生：就是不正的意思。

师：你猜得太对了，不正，就是歪了。请同学们歪一歪头。（学生做歪头的动作）你看，这个同学桌子上的文具摆放得很正，一点儿也没歪。（指着一名学生表扬，其他学生赶紧把自己桌子上的文具摆放整齐）

2. 拓展认读“泪”字

（教师用词卡出示“泪”字）

生：读 lèi。

师：什么意思呢？

生：三点水代表水，“目”是眼睛，从眼睛里出来的水就是泪水。

师：同学们真该为他鼓掌，猜得准，而且话说得清楚。

（学生鼓掌）

3. 拓展认读“休”字

（教师用词卡出示“休”字）

生 1：老师，一个人挨着一棵树是什么字呢？

生 2：我知道，这个字读 xiū，我早就认识这个字了。

师：你知道这个字的意思吗？

生：一个人在依着树休息吧？

师：对了，你不光认字多，还会动脑筋。

4. 拓展认读“笔”字

（教师用词卡出示“笔”字）

生：这个字读 bǐ。上一节课我们刚学了。

师：你知道这个字为什么是一个竹字头加一个毛吗？

生：不知道。

师:（出示毛笔）现在谁来说一说，“笔”字为什么是竹字头加毛呢？你可以拿到手中看看。

生:（接过毛笔看了看）这支笔笔杆是用竹子做的，笔头是用毛做的。

师：对！这支笔是毛笔，“笔”字最初是根据毛笔造字的。

这样的教学设计，目的是引导学生进一步认识会意字的特点，利用构字特点识字，在猜读字音和猜说字义中，触类旁通，拓展识字量，巩固、内化识字方法。

她和老师们立足课堂，精心研究，深入探讨每节课教什么、怎么教。努力提高课堂效率，注重学习方法的指导，培养学生的语文能力。

// 爱阅读、广积累、乐表达

“爱阅读、广积累、乐表达”是第二学段“原点”教学的重点教学目标。李老师和老师们发现，学生之所以不会表达，不愿意表达，是因为学习课文时，教师没有引导学生从课文中学习写作的方法；写作时，老师很少给予写法指导；而且学生练笔不够。为此，他们努力寻找阅读与写作的结合点，打通阅读与写作的通道，每单元都设计 1 — 2 个小练笔，为文章写作打下基础。

以下是人教版四年级下册《全神贯注》一课的教学片段。

师：同学们，在这篇文章中，作者主要抓住了罗丹的动作、神态进行描写，惟妙惟肖地写出了罗丹工作时的全神贯注、如痴如醉，真正把罗丹写活了。这种写法是动作描写的一个小妙招：给动作加上表情 —— 动作描写与神态描写相结合。（张贴字条：动作描写与神态描写相结合）这种写法有什么好处？

生：这种写法会让人物的动作更加形象。

师：的确如此。这样，我们就掌握了动作描写的三个小妙招了（指着黑板上的三张字条）。接下来，我们就来用一用，欢迎大家来到“练兵场”大显身手。

师：这篇文章中还有一个人物，他就是奥地利作家——茨威格。

师：（出示课文插图）想象一下在罗丹修改塑像的这段时间里茨威格的动作、神态，运用刚刚学到的描写人物的方法，描述一下茨威格的动作、神态，写出他当时的样子，让人们感受到他对罗丹的赞叹、敬佩。

（学生看图思考、回答）

生：他站在罗丹身边，看着罗丹修改塑像。

师：请你用学过的“给动词加修饰语”，再来说一说。

生：他静静地站在罗丹身边，认真地看着罗丹修改塑像。

师：这样就好多了。

生：他在轻轻地微笑。

师：说得好！他还会有哪些动作与神态呢？

（学生沉默，老师在大屏幕上出示以下内容）

一开始，茨威格＿＿＿＿＿＿＿＿＿＿＿＿。

过了一会儿，茨威格＿＿＿＿＿＿＿＿＿＿。

又过了一会儿，茨威格＿＿＿＿＿＿＿＿＿。

师：接下来，我们就把茨威格请进教室，请你认真观察他的动作和神态。

生：哇！

师：同学们好，我是茨威格，现在，我就把那天下午的动作和神态还原一下，请你们认真观察，及时记录哦！

师：请同学们拿出习作纸，先根据观察大致记下关于他的动作和神态的词，然后再详细描写。

（教师表演，学生观察、记录）

师：感谢茨威格先生来到我们身边再现了那个激动人心的时刻。下面，我们来交流一下你记录的动词和描写神态的词。

生1：一开始：站、看、微笑。

生2：过了一会儿：走、低头、思考、站、托。

生3：又过了一会儿：双手握、站、赞叹。

师：同学们观察得真仔细，关键词语抓得非常好！下面请根据观察，细致地写出他的动作和神态。写好的同学对照动作描写的三个小妙招再次修改。修改后，同桌交流。

（学生练写，教师巡回指导，写完的学生小组交流）

师：谁来读一读你写的？

生：一开始，茨威格静静地站着，聚精会神地看着，脸上露出赞叹的微笑。过了一会儿，茨威格有时轻轻地托着下巴，微笑着点头；有时围着塑像和罗丹慢慢地走来走去，低着头，思考着什么。又过了一会儿，茨威格双手握着，脸上是赞叹与痴迷的微笑，下意识地张大了嘴，惊讶得连帽子掉在地上都没有察觉……

师：谁来评价一下？

生：他描写得非常细致，写出了茨威格的动作和神态，很生动。

师：（评价）是啊，他不仅观察细致，而且加上了自己的想象，如“帽子掉在地上都没有察觉”这个细节加得很妙。但是一开始的时候，茨威格的脸上是否有赞叹的表情，请你再斟酌一下。

师：老师也写了一段，我给大家读一读，请大家点评一下。

茨威格静静地站在一边，目不转睛地注视着，罗丹一会儿上前，一会儿后退，修改着塑像。一刻钟过去了，半小时过去了。茨威格在罗丹身后轻轻地走来走去，手扶着下巴，聚精会神地看罗丹工作，时而背着手，时而低着头，若有所思。一个小时过去了，茨威格惊喜地盯着精美的塑像，眼里闪着兴奋的光，不由自主地点着头。他双手紧紧地握在一起，放在胸前，嘴巴张得大大的，像要发出一连串的赞叹。他转过头去，向罗丹投去敬佩的眼神。

生：您写得非常细致、非常生动，用词准确。

师：谢谢你对老师的肯定。只要大家认真看，用心写，一定能比老师写得更好！

通过这样的教学，学生不仅感受到了作者描写人物的方法，更重要的是能够学以致用，在自己的写作中使用这些方法进行描写。老师引导学生经历了认知——实践——运用的学习过程，这样的指导具体、实用、高效，化大目标为小训练点，将之扎实落实在课堂上，使教学效果由过去的“教过”变为“教会”。

// 读好书（整本书）、习方法、会表达

“读好书（整本书）、习方法、会表达”是第三学段“原点”教学的重点教学目标。《语文课程标准》提倡少做题，好读书，读好书，读整本的书。提出这样的教学目标，目的是培养学生广泛的阅读兴趣，扩大学生的阅读面，增加学生的阅读量，提高学生的阅读品位。在教学过程中要尊重学生的身心发展规律，教给学生精读、略读和浏览等阅读方法，加强整本书阅读的指导。

以下是李老师的语文团队成员丁立美老师执教的《绿山墙的安

妮》整本书阅读课的片段。

师：曹文轩说，“安妮的世界”离不开风景，她孤独时，要对草木诉说；她伤心时，要对落花流水哭泣。她是自然的孩子。自然既养育了她，也教养了她。结合读书时做的批注，找出作品中的优美句段，小组内互相指导朗读。

（全班交流）

师：好的句段最好能够记住，请你选择其中的一段背背吧。

师：思考：你觉得环境描写对刻画主人公安妮的形象有什么作用？（板书：环境描写）

此环节既是根据这本书自身的特点设计的，又是对教材学习内容的补充、拓展与延伸。丁老师让学生把在《穷人》一课中学到的阅读方法——通过环境描写抒发美好情感，运用到《绿山墙的安妮》的阅读中。在读书过程中，引导学生发现、寻找有关环境描写的句子，深入体会环境描写在塑造人物形象方面的作用。这样的阅读，既是对课本知识的巩固，又是对阅读方法、写作方法的拓展与运用，可以为学生的写作打下良好的基础。

李老师和她的研究团队不仅致力于课堂教学的研究，而且从课堂教学的研究走向课程的研究。小学语文“原点”教学，由单篇课文的教学，转向整本书的阅读。不同的年级阅读内容各不相同，同一年级的阅读内容相对固定，由此形成了各年级的阅读课程。例如，第三学段将整本书阅读当作阅读的重点。规定一个月师生精读一本书，每学年至少精读八本书，两年精读十六本书。阅读每本书时侧重点又各不相同。这十六本书的阅读研究体系化，形成了整本书阅读的课程。

“路曼曼其修远兮，吾将上下而求索”，这是李凤君老师的座右铭。她会恪守初心，执着坚守，带着她的团队一直走下去。

耿艳丽

美丽的花婆婆

人·物·印·象

耿艳丽，山东省潍坊高新双语学校语文教师。山东省优秀教师，潍坊市教学能手。

她对学生的关爱、对语文的钟爱、对教育的挚爱，如涓涓细流，融入了生命长河中。文本解读，是她专业成长的不二法门；经典海量阅读，是她研究和追求的方向；培养文化自觉和文化自信的一代新人，是她诗意语文的梦想！

耿艳丽老师最喜欢的一首诗是金子美玲的《向着明亮那方》，每次接新的班级，她都要带着孩子们反复诵读。

耿老师说，和孩子们一起学习，就是带着他们向着明亮那方前行。

从2009年至今，耿老师教过七个不一样的班级，同事开玩笑说她是“问题班”专业户，“问题学生”到了她那儿，就变“乖”了。耿老师根据孩子们的特点，创建了许多他们喜欢的微型小课程，持之以恒地把诗词的种子融入这些课程中，植根在一届届学生心里。

爱上组诗

2012年3月，在潍坊市小学语文十年课改成果展示会上，耿老师带领学生展示了一堂组诗教学课。课堂上她留出了10分钟时间，让前来参会的于永正老师即兴出题，让孩子们现场进行诗词创作。这对她的诗歌教学是一个严峻的考验。

于永正老师根据潍坊的地域文化特色，脱口而出“风筝”二字。孩子们和着优美的音乐《平沙落雁》，积极投入创作过程之中。

1分47秒后，盛煜同学的《彩鸢》诞生了。

彩　鸢

盛煜

只只彩鸢迎风展，
风采奕奕欢笑绽。
布满乾坤好颜色，
吾留姿态撒人间。

台下掌声雷动！

2 分 20 秒后，小琪同学的《纸鸢》出炉。

纸　鸢

小琪

虽弱不恐碧霄远，
犹及叱咤似惊天。
身驰天际舞翩翩，
萧然青烟缕飘散。

2 分 55 秒后，若愚同学展示了她的作品。

风　筝

若愚

一根细线冲上天，
沉浸许久韵其中。
愿得轻身云中翔，
览掠千山满苍穹。

台下又是老师们充满惊叹与鼓励的掌声！

接着，那些十一二岁的孩子，均在不到五分钟的时间里，相继写出了自己的作品。

风　筝

伟良

迎风而飞线一根，
美丽图案空中存。
如彩蝶，舞翩翩，
快乐放飞到黄昏。

彩　鸢

婉婕

彩纸鸢，一线牵，
携带梦想延天边。
展翅高翔赏风景，
纸鸢好比云中雁。

风　筝

龙云

细细枝条搭骨干，
恍如彩蝶舞翩跹。
丝丝线，与梦连，
放飞梦想天地间。

…………

一只只小手在课堂上高举着，耿老师非常庆幸自己丢下了那颗害怕出丑的私心，做出了如此具有挑战性的选择。一直以来她对学生都很信任，认为他们天生就是诗人。

组诗教学，如一朵灿烂的奇葩，在耿老师的课堂上连年绽放。

海量创诗

语文教材上的微量诗词，已经不能满足孩子们的需要。于是，耿老师借助《语文主题学习丛书》和传统文化资源，创建了“诗歌中的X”微型班本课程。比如“诗歌中的四季”“诗歌中的儿童”“诗歌中的数字”“诗歌中的花儿”“诗歌中的乡情”“诗歌中的志向”……耿老师带着孩子们诵读——欣赏——创作，一发而不可收。

学习了一组送别诗后，孩子们也创作了自己的送别诗。

送　别

铭悦

六年学习万事同，今日分别各西东。
师恩难忘求知去，同学友情记心中。

——这是不愿意与生活了六年的同学、老师道别呀！

长相思

小畅

来如梦，去如梦。梦醒时分无影踪，时光快如风。
人即空，影即空，人影若空思念重，离别也匆匆。

—— 这首诗歌里藏着一份思念、一份不舍，孩子读的时候声调是颤抖的。

学习了一组立志诗词后，孩子们纷纷选择生活中的景物，掀起了“我有笔如刀，言志在诗稿”的活动。看，这是孩子们的立志感怀诗词。

绿草吟

卓群

历经千难和万险，终于来到人世间。
狂风暴雨全不怕，要留芳香在花园。

—— 一个长于朗读、善于观察的少年，发现了小草的与众不同之处，并抒发了生命无贵贱的感慨。

早　梅

旻玥

一夜煞风催梅开，三九严寒红意来。
不畏世间寒气傲，独立玉枝为雪埋。
雪压枝丫不压神，一股正气心如海。
天地唯有真沧桑，红颜点点永不败。

—— 一个热爱诗词创作的小姑娘，以梅花言志，志若寒梅。

菊 花

雪晴

八月金秋风送爽，花市凄清人稀凉。
唯菊迎风颜怒放，一带而过笑苍凉。

—— 秋天的斗士 —— 菊花傲霜的精神，在孩子心里生根了。

观 竹

浩然

入水万光动，虬乱摆金寸。露华生笋径，插空绿影春。
阡陌犹风存，苔色拂霜根。暗迢冥意至，裁堪银锦鳞。
芳华含浦莲，一节奉王孙。怡乐劲自屹，花木难层深。
唯竹摇色立，竖影覆瑶鸾。别归秦关去，度日冷销魂。

—— 出口成章、下笔有神的文学少年，高赞竹之风格。

每一届学生，都留下了大量的诗词作品，这些诗词作品成为学弟学妹们的阅读教材，引导着一届届学生爱上诗词，使他们成为一个个校园小诗人！

生活即诗

一次，耿老师外出学习一周，不免思念办公室里的几位同事，她为同事们订购了一束鲜花，引发了她们的诗情画意。耿老师返校后，把这段经历当作了语文课的学习内容。

语文课上，孩子们喜滋滋地望着耿老师，鼓起掌来。“孩子们，想我吗？”“想。”洪亮的嗓门儿、甜甜的声音包裹着耿老师，她感到当老师真幸福！当这群孩子的老师，真幸福！

这节课，耿老师和孩子们分享了“长相思”的故事，她把自己和同事们写的诗词一一分享给孩子们。

长相思

秋风冷，秋意浓，五天听课行匆匆。思念伴钟声。
灯满路，星满空，参禅悟道梦不成，祝福意万重。

这是耿老师外出学习时发给同事们的一曲思念词。没有想到，几位同事，一首《长相思》接着一首《长相思》地发给她，表达着她们内心的情感。她跟学生描述着，并动情地诵读着。

长相思

秋华

花一朵，叶一枝。朵朵怒放红云里，满屋溢香气。
情依依，思依依，盼姐学成归故里，共度幸福时。

长相思

海燕

山重重，水重重，几多思念在心中。姐姐切珍重。
情浓浓，爱浓浓，手捧鲜花映灿容。归来绘彩虹。

长相思

世英

香亦浓，情亦浓，天凉心暖乐融融。秋深爱更明。

花也盛，思也盛，日日盼君踏归程。一别意万重。

每当耿老师读完一首词时，孩子们的掌声便响起，她知道他们在感受着她的幸福。她说，孩子们，水是家乡的甜，人是故园的亲，月是故乡的明啊！收到同事们的《长相思》时，耿老师接着和了一首。

长相思

心朦胧，眸朦胧，一曲相思泪朦胧。今生互珍重。

情朦胧，意朦胧。一抹彩虹诗意浓。月是故乡明。

又是阵阵掌声……

他们的“长相思”远远没有结束呢，耿老师接着说，当她刚下高速路时，手机短信来了，是龙云同学发来的。

长相思·耿师

龙云

思意浓，念意浓。师行千里生担忧。只望师珍重。

情意浓，爱意浓。课上不见盼师影。只希学归成。

晚上，诗社的思远同学又发来了他的《长相思》。

思艳丽，怀艳丽。五天听课心里急。我来安慰你。

忆艳丽，想艳丽。盼师学成归社里。师生情珍惜。

伴随着孩子们的掌声，耿老师拿起厚厚一叠诗词，这是诗社的所有学生为她写的《长相思》。没想到，小小的离别给他们的诗词创作带来了契机。看来，生活中无处不是诗情。

在这节语文课上，耿老师和孩子们分享着一首又一首《长相思》。分别故事成了他们语文课堂上的学习内容。接着，耿老师跟孩子们说，儿行千里母担忧，尽管她已经到了不惑之年，但是在年迈的父母眼里，她还是一个孩子。她回来的那天，老远就看见父母站在窗边遥望，她知道那是老父老母在盼望孩子平安归来。进了屋子，两位老人嘘寒问暖，所以耿老师一时感慨，写下了一首《长相思·父母》。

长相思·父母

灯一盏，窗一扇。爹娘倚窗顾影怜。思儿归故园。

一句暖，一句寒。雏燕回巢笑开颜。殷殷语呢喃。

耿老师说：“孩子们，你们在外面玩耍的时候，爸爸妈妈是不是也在窗户边、阳台上呼唤你，或者寻觅你。你们体会到了吗？这就是爱！”

接着耿老师向孩子们描述了她的行程：从父母家出来，她到花卉市场上，看上了一盆金钻绿蔓绒。郁郁葱葱的叶子，彰显着旺盛的生命力；心形相拥的叶片，让人想到无处不在的亲情与友情。回到家，一首《长相思·金钻绿蔓绒》再次涌来。

长相思·金钻绿蔓绒

不喜阴，不喜晴。片片心儿紧相拥。金钻绿蔓绒。

一抹绿，一抹情。真诚呵护伴葱茏。金钻绿蔓绒。

这就是耿老师的课堂，孩子们动情地诵读着她抄录在黑板上的《长相思》。这节课，“长相思”贯穿始终，她在孩子们心里种下了一粒诗意的“长相思”的种子。这样的课、这样的教学内容，还有很多很多。

节日融诗

有一次上课，恰逢西方情人节，耿老师在读《发现母亲》，其中一节为“恋母情结：母亲是孩子的纯金恋人”。这一节引起了耿老师对自己母亲的深情回忆——童年的点点滴滴、求学路上的殷殷叮嘱、母亲的言传身教、母亲的吃苦耐劳，在童年，母亲是她的全世界。想着想着，她竟然不由自主地流下眼泪来。

情人节，似乎是属于年轻情侣的浪漫日子。其实，这一天，我们怎能忘记我们一生的纯金情人——母亲呢？在这个特殊的日子里，耿老师要和孩子们一起感恩给予他们生命的纯金情人——母亲。

从早读开始，耿老师就带领孩子们诵读关于母爱的诗歌。

白居易的《母别子》、王冕的《偶书》……师生就这样读着，读着，没有煽情，没有解释，唯有诵读的声音在教室里回荡。耿老师道出了和大家欣赏这些诗的真正原因：情人节，不要忘记我们一生的纯金情人——母亲。

教室里很安静，孩子们没有因为听到“情人”二字出现异样的表情，此时，他们在想着关于母亲的一切。随后，耿老师出示了自己为母亲创作的长篇感怀诗，孩子们动情地读着。

纯金情人：母亲

母亲已至耄耋年，步履蹒跚身欠安。
哺儿育女一生艰，如菊皱纹鬓早斑。
纯金情人儿女恋，往事依依现眼前。
最忆如豆灯光下，锅碗瓢盆摆放端。
慈母盘腿穿针线，缝补衣物密密连。
四女一儿并头躺，牢记教诲在心间。
天下大事孝为先，与人相见露笑颜。
诚实勤奋莫等闲，得饶人处存善念。
难忘十亩棉花田，播种管理一人担。
日出日落忙无边，汗湿衣衫发凌乱。
金秋棉絮白一片，摘棉晒棉耀花眼。
弃奢求俭家风传，事事身教无赘言。
日复日来年复年，儿女纷飞如劳燕。
慈母不忘倚窗前，仰望云林盼子安。
情人节里本浪漫，思慈念母泪涟涟。
最是孟郊诗句美，寸草春晖世人谈。

当天，耿老师布置了一项特殊的作业：写给我的纯金情人——母亲。

晚上，博方同学的妈妈给耿老师发去短信："耿老师，您好！今晚看了儿子的作文和诗，我流泪了。这是我三十多年来收到的最好的情人节礼物，您是孩子生命里的贵人，遇见您是我们全家的福分……"

还有一位家长发去了这样一条短信："耿老师，祝你节日快乐！过节过的是心情，孩子把纯金情人的故事告诉了我，你的教育使孩子知道了感情有多种方式，延伸了孩子对节日的认知，也让我们家长度过了温馨的节日，谢谢你！你也是家长和孩子们永远的纯金情人，你的爱也让我们永远难以忘怀。祝你永远年轻漂亮！爱的魔力使你永葆青春！”

耿老师珍藏着一届又一届孩子在这个节日的敬母爱母诗。

母 亲

子沛

曾有母亲迫弃子，
默默离去苦努力。
思断念断为生意，
靠自己，
双手创出新天地。

终有一日成大器，
蒸蒸日上事顺利，
接儿还家亲人喜，
却望去，
两鬓已是银丝溢。

长相思·母亲

姿萱

情似海，恩如山。不求回报爱比天。只为子康健。
情似海，恩如山。忆中那岁步蹒跚。喜极泪涕沾。

母　亲

文浩

一阵寒风一腔苦，
一朵萱花一慈母。
一封家书一游子，
一盏明灯一房屋。

…………

在耿老师看来，生活中处处充满教育的契机，没有哪个日子专属哪些人，每一个日子我们都应引导孩子们动情体会，把诗意的种子撒播在每一个节日里，让孩子们在感动中涵养一颗博大的心！

童书练诗

从 2012 年开始，耿老师开启了童书进课堂活动。如何建立师生之间共同的语言，使其拥有能够开启彼此心门的密码？和学生一起阅读童书，是一种行之有效的方法。耿老师就喜欢与学生共读童书。

读童书，就会有和孩子交流的话题。“谁是我生命中的夏洛？”读过《夏洛的网》的学生对此问题心领神会，因为他们明白“夏洛”是真正的朋友的代名词。“人与人之间应该驯养，要让驯养成为一种仪式。”只有读过《小王子》这本书，才会知道“驯养”是建立美好关系的意思，才会懂得保持一颗童心，就不会错过美好的事物。《乌丢丢的奇遇》让耿老师和孩子们借助文字传达感动、传达美丽。读《吹小号的天鹅》，我们敬佩“路易斯”。《鲁滨孙漂流记》教我们在内心创造传奇。《狼王梦》中处处是哲理。“长袜子皮皮”很像同学们自己。《青鸟》美在无私……关于每一本书中的主要人物、精彩镜头、感人画面，耿老师都引导孩子们用诗词的形式写出自己的看法。

以下是耿老师与学生合创的读《吹小号的天鹅》感怀诗词。

《吹小号的天鹅》读后感怀

小小少年爱探险，沼泽深处有发现。
偶遇天鹅心感叹，故事就此开新篇。
枝摇冰融美如画，春日池塘秀芳华。
绿荫小岛微风暖，双双来至筑新家。
不速之客悄然入，警惕危机互帮助。
男孩帮助成恩人，万物有情爱满湖。
迷雾消散风送暖，数日煎熬得报答。
轻微扭动萌生命，天鹅破壳学说话。
父母担心成噩梦，命运残酷生来哑。
不卑不怕不放弃，努力克服生活佳。
树叶变黄夏日尽，向南飞往蒙大拿。
控制翅膀调方位，顺利降落心开花。
费尽周折到小镇，学好写字表想法。
认真听讲刻苦练，坚定信念创神话。
多年不见双亲急，学成写字终归家。
石板表达无人懂，一见钟情爱萌发。
助儿发声甘冒险，飞往小镇寻店家。
振翅低飞橱窗碎，抢得小号却受怕。
父亲为子偷小号，没有付钱惹烦恼。
夏日担任辅导员，迎接工作换荣耀。

名字有趣又怪异，优美号声伴入眠。
氛围宁静且平和，为挽荣耀力赚钱。
被人取笑独划船，大浪扑面将被淹。
情况不妙危机时，天鹅抢救保平安。
割开趾蹼吹小号，为还借款求雇佣。
飞羽长齐去远航，夏末秋初返天空。
不远千里驻湖边，天鹅游船做长工。
奏响清脆小号声，飘进人人内心中。
吹号天鹅住饭店，优美号声人人恋。
吹奏时刻声静止，月朗星稀夜缓缓。
天鹅易斯住旅馆，夜深沐浴自点餐。
吹号有名人皆知，写信寄思亲人安。
吹号天鹅曲目多，不剪飞羽自由活。
出租费用卡斯付，音乐招待与人和。
工作发财钱袋涨，心爱天鹅需求帮。
小号派用奏情感，音乐天赋引新娘。
追求自由离栅栏，邀请萨姆来公园。
信守诺言协议定，吹奏乐曲盼春天。
父爱如山一层天，悲喜惊险如梦幻。
辛苦赚钱为还账，衣锦做伴故乡还。
行事仁义方当先，颈挂石板去还钱。
纵然生命有危难，洗刷恶名心也甘。
春意盎然雪融化，池塘岸边清辉发。
天鹅不屈历艰辛，音乐吹开幸福花。

和学生共读一本书，就是和他们一起沐浴光明和温暖。耿老师还和孩子们一起阅读《西游记》，不仅读里面的故事，还赏析里面的诗词。她建立了《西游记》诗词赏析循环本，引导孩子们诵读里面的诗词，写出对诗词大意的理解，体会作者当时的心情。

孩子们开展了小组诵读活动、诗词赏析汇报活动、诗词古文仿写活动。《西游记》中的诗词，或为绝句，或为律诗，或为长篇感怀，或为不同词牌。两个月的阅读，两个月的仿写，孩子们写出了上百首诗词作品。在《西游记》阅读结束后，孩子们依然在循环本上仿写着不同内容的诗词。

牛魔王

峰宇

威风凛凛震四方，随吼一声震山响。
四海有名称混世，西方大力号魔王。

李天王

小倩

武功盖世李天王，刀砍沙石英勇将。
妖怪枪迎土尘扬，用尽功力把妖降。

可爱六三——读《西游记》，仿写小古文

雨蒙

碧漆桌案，青漆交椅。前面是多才老耿，一张巧嘴总滔滔不绝。后面是美丽板报，图文并茂是班级一绝。桌椅排放，整整齐齐。窗外美景，赛过天庭。洁白玉兰争开放，香味扑鼻，犹如白玉。七八只蝴蝶绕花飞舞，四五只蜜蜂叫声

嗡嗡。你看那采花的采花，播粉的播粉，一往一来，真个小小天堂。

水果大餐——读《西游记》，仿写水果

雯靖

下课了，同学们各自拿出了自己的水果，准备享用一顿水果大餐。我也不例外，扒拉出了早已藏在桌洞里的保鲜盒，一打开盖子，水果的香气便扑鼻而来，只见盒中：

黄澄澄，两三个芒果；绿油油，一两根黄瓜；红透透，数十个红柿。真乃盒中聚果，果中美味也！

我情不自禁地拿起一颗小柿子。一咬，只觉：

瓤中带清，清中带嫩。酸荫荫，如痴如梦，清脆脆，更解馋。

吃了小柿子，就更应该品尝接下来的美食——芒果。只见：

红中带黄，黄中有红，即融一体。咬一口美滋滋，甜嫩嫩，无数回味。

别看黄瓜长得难看，味道可不差其他水果：

绿油油，味中带甘，清甜，一口咬下水溢出，消暑更解酣。

把经典的儿童文学作品带进课堂，使孩子们的心越来越沉静。耿老师发现自己的教育教学理念在改变，班级管理方式在改变，甚至连注视孩子们的眼神都在改变。她愿意做一个美丽的花婆婆，在孩子们的世界里播下一颗阅读和写诗的种子，给孩子们的人生打上美丽的底色。

绘本化诗

最初的绘本教学，耿老师只是采取老师讲学生听的方式。《猜猜我有多爱你》是她在每一个班级必讲的绘本故事，书中可爱的小兔子无论怎样表达，都比不过妈妈给它的爱多。耿老师让孩子们由兔子妈妈联想到自己的妈妈。借助一个个以爱为主题的绘本，耿老师引导孩子们学习感受爱，学会表达爱。她带着孩子们一学年至少阅读30本绘本，她的电脑里存着上百个不同主题的绘本故事，这些故事发挥的作用，是语文课本无法比的。

2015年9月，耿老师接了一个四年级班级，她在入学第一个月做了一次读书问卷调查，发现孩子们在一到三年级时读书很少，以漫画书、笑话书居多，她列举的经典儿童读物，孩子们根本不知道，有浓郁读书氛围的家庭很少。这就是班级缺乏静气、浮躁成风的主要原因。因此，她从绘本开始，一周一个故事，陪孩子们读书。《逃家小兔》中小兔子的可爱、《生气汤》中妈妈的智慧、《长大做个好爷爷》中动人的亲情、《大脚丫跳芭蕾》中主人公的成长，都深深地打动了孩子们。她为每一个故事创编了一首小诗或者小词，慢慢地，四年级的孩子们爱上了读写绘。一个故事结束后，孩子们就用图画再现精彩的故事内容，同时配上稚嫩的诗句，诗意绘本就这样诞生了。

2016年清明节，耿老师和孩子们开启了以“生命”为主题的绘本游学活动。她想借助清明这个传统节日，引导孩子们开启对生命价值的认识。兆辉同学的父母，再三要求为班里的孩子们做点儿事，要求耿老师开出书单，要为孩子们购书。耿老师开出了一千多元的绘本书单，它们全部与生命成长有关。书买回来后，耿老师带领孩子们踏上了生命绘本的阅读旅程。中午休息时，孩子们捧着一本本绘本，沉醉其中。

耿老师怀着一颗恭敬的心细致解读这些绘本，让孩子们用心体会。相遇就要感恩，分离就要怀念，这是《一片叶子落下来》给他们的启迪；生命就是一场旅行，有尊严的离开是给后代最美好的礼物，这是《再见了，艾玛奶奶》的智慧；《安的种子》是成长需要宁静和等待的馈赠……绘本，凝聚了师生情谊，实现了家校沟通。

2016 年 4 月，耿老师带着所在班级的全体学生参与全国小学语文主题学习课堂教学展示活动。课堂上，耿老师给孩子们展示的是绘本《獾的礼物》。她对经典绘本进行二度开发，带给了与会老师深刻的启迪。

一本精美的绘本、无数个动人的画面，借由耿老师的智慧，化为一首动人的长诗。

獾，值得依靠心里安。
可惜老，生命已暮年。

岁月流逝身体笨，不怕死神来降临。
告知朋友去隧道，莫为分离太伤心。

天晚望月道声安，寒冷世界隔窗帘。
火炉地下送温暖，端坐书桌写离言。

梦中隧道长又长，双腿奔跑扔拐杖。
脚爪离地任翻转，起落跌撞无受伤。

所有动物都爱獾，鼹鼠悲伤最可怜。
眼泪长流透毛毯，孤独失落夜不眠。

蓝空舞雪冬漫漫，白野生寒动物藏。

思獾念獾依赖獾，人人难解心中伤。

冰雪消融悲伤融，回忆獾在好美景。
鼹鼠青蛙和狐狸，剪纸滑冰领带扎。

兔子太太好厨艺，姜饼烹饪全村夸。
离别礼物永珍藏，志愿活着为大家。

2016年9月，耿老师来到潍坊市十里堡小学任教，在这所农村小学，耿老师不忘初心，开学第一课就是绘本《和你在一起真好》教学，让绘本的种子、阅读的种子撒播在十里堡小学孩子的心田上。

爱是可以传递的。2016年10月，兆辉同学的妈妈，把之前给孩子们购买的绘本送给了十里堡小学一年级一班的孩子们。她说："耿老师，这些绘本只有跟着你才会发挥作用。你走到哪里，就把这些绘本带到哪里吧。你带着十里堡的孩子读吧，这些孩子有福了。"耿老师感受到了爱的美好、爱的力量。

每到周四下午，学校两个一年级的班级就合在一起，由耿老师给他们上绘本课。来到新学校，第一堂课，耿老师选择上绘本课；家长开放日，耿老师选择上绘本课；家长会时，耿老师选择给家长讲绘本故事。这些做法，是为了引导孩子们、走进她的课堂的老师们以及家长们认识阅读和书本的魅力。孩子们常常说："耿老师，我想听你讲故事啦！""耿老师，我好喜欢你的课！"

现在耿老师又去了潍坊高新双语学校，在那里，她继续带孩子们阅读、写诗。

做一个美丽的花婆婆，是耿艳丽老师的追求。做诗词传播者、儿童阅读推广人，她要把经典阅读的种子撒播在孩子们的心田上。

詩書香
读书之星

人·物·印·象

孙云霄，山东省潍坊市宝通街小学语文教师。全国传统文化教育先进个人，潍坊市教学能手。

她有着浓厚的教育情怀。她着眼于学生一生的发展，不仅引导学生读好书、写好字，更引领学生做好人。她把『四书五经』等国学经典引进课堂，建构起『复调语文』课程；她和学生一起大量诵读中华经典，让学生养成文质并重、仁礼并存、内外兼修、知行合一的君子风尚。

复调初成

1994 年暑假，孙云霄老师大学毕业，被分配到一所小学。在校长室里，老校长真诚地对她说："我知道你们这些大学生不可能在这里待很久，只是把这里当成进入中学的跳板罢了。既然来了，暂时就待在这里吧。其实我们小学欢迎的是师范中专生，他们能唱也能跳，更适合教小学。"可是，十八年以后，她依然在小学，并且爱上了小学这片热土。孙老师感谢老校长，因为老校长容忍了她最初仅凭直觉的"折腾"。

// 大量阅读，深厚积累

工作后，孙老师发现老校长的那番话是很有道理的。没有艺术特长、粉笔字写得不漂亮、在公开课上因为需要夸张表演而难为情，这些是她的短板。然而，她根本没有想到要去补短板，而是自得其乐地带着她的学生一头扎进了书的海洋。

工作的第一个学期，在课堂上，《简·爱》《西游记》《鲁滨孙漂流记》等名著，孙老师与学生你一段我一段地读下来了。看着学生痴迷的样子，她鼓励学生把自己喜欢的名著带到班里，读给大家听。

但是，孙老师的一腔热情遭受了打击：能往班里带书的学生太少了。学生带来的都是大同小异的作文选，甚至有几个学生连作文选也没有。一个学生几乎每天都会被扣纪律分，因为他总是买学校附近路边摊的小吃而被值勤的学生逮住，可他却舍不得买一本新书。当然，学生不买书的根本原因是得不到家长的支持。那时候，大多数家长并不像现在的家长这样懂得让孩子读"闲书"的重要性。加之当时孙老师的学生主要来自棉纺厂、附近的两个村子和进城做买卖的商贩之家，他们的家长很少有时间关注孩子的教育问题，他们对孩子的教育都是靠老一辈的经验。有一位家长坦白地对她说，他不是不舍得为孩子花钱，而是怕孩子读“闲书”读得心思不在学习上，影响成绩。

怎么才能让家长心甘情愿地给孩子买书呢？怎么才能让那些爱零食的孩子爱上读书？孙老师决定各个击破，首先取得家长的支持。她充分利用家长会的时间向家长渗透“闲书不闲”的道理，同时引导学生感受读书的乐趣。她自己订了几种儿童读物放在图书角里，不久它们就被学生翻得稀巴烂。在一次家长会上，她拿着那几本被翻烂的刊物，恳请家长相信她一次，至少让同桌俩人合订一份刊物，她保证一年甚至一个学期之后让他们看见“实惠”，至于这个“实惠”是什么，暂时还是个秘密。家长们半信半疑地同意了。为了保证刊物订得不重样，孙老师从总务处拿来教师订阅刊物的厚册子，把上面所有适合小学生阅读的刊物名称和订阅代号抄下来，在全班传阅，然后由同桌俩人协商订阅其中一种，也可以自己单独订阅一份。如此一来，他们每月都能收到《创新作文》等 30 本风格清新的读物。他们还规定，刊物不论是谁订的，读完了都要放到图书角去，供大家借阅。这样，每个人虽然只订了一份或半份刊物，实际上却读到了 30 本刊物，因为是月刊，一年下来，每个学生就比平行班级多读了 360 本刊物。这种做法不但实现了班内资源共享，而且形成了浓郁的读书氛围，让读书成为班级的一种“追风”、一种时尚。

// 以读促写，厚积薄发

让家长看得见的“实惠”是什么呢？第一是考试分数，第二是学生的精神气质。结合班级的实际情况，孙老师认为提升这两者的最佳途径是提高学生的写作水平。

在写作辅导的初级阶段，是让学生仿写。此时，范文的选择非常重要，孙老师坚决杜绝作文选，她认为再好的作文选也是老气横秋的，没有时代感。他们的所有范文都来自订阅的期刊，《创新作文》

《新作文》《少年文艺》《儿童文学》《童话大王》等杂志上鲜活生动的语言、让人耳目一新的内容都成为孩子们争相模仿的对象。此时，他们已经很少读大部头的名著了，因为那不能让他们在短时间内提高语言素养。然而，孙老师却需要在短时间内让家长和孩子们看到效果。

走出了仿写这一步，下面就是推陈出新了——要引导学生写出有自己个性特点的作文，形成自己的书写个性。在写的过程中，孙老师特别注意引导学生互批互改，常常推选出优秀的作文集体交流，或者推选出有问题的作文集体修改。一段时间后，班里 78 个学生的作文她不用看名字、不用看字迹，听上不超过三句就知道是谁写的。匿名交流作文的时候，好多学生也都知道那是谁的文章。改好后的作文，由她帮学生投到他们订阅的刊物中去。一个学期下来，班里竟有七八名学生的文章发表了，这在之前是从未有过的事情。第二学期过去了，班里有三分之一学生的作文都变成了铅字。从订阅的刊物上大声朗读自己的作文，是多么令人高兴的事情！这也是他们每周一次佳作赏析的必然环节，然后他们会分析为什么这名同学的作文发表了，而另一名同学的却没有发表，它们的差别在什么地方。学生的写作热情高涨起来，到学校传达室看看有没有自己的稿费单是他们下课后要做的第一件事情。同时，他们班的考试成绩在级部里也总是遥遥领先。

写作训练的小小成功终于赢得了家长的支持，有力地促进了学生读书习惯的养成。那时候学校里没有图书室，没有网络，可是他们班却有一前一后两个大大的图书角，图书角里的新书架是家长专门为他们的教室设计制作的。

那年暑假里的一天，燕子同学在电话里欢天喜地地告诉孙老师说新华书店有一部分书在打折促销，一本厚厚的《西游记》才六块钱。听到这个消息她非常激动，她的孩子们已经爱上书了，他们没有和她说哪里有好吃的、哪里有好玩的，而是当喜讯一样地告诉她哪里有好书。等学生返校的时候，她赶紧把这一消息告诉大家。没想到他们异口同声地拖着长腔说："早就知道了！"开学之后，她发现学生又热衷于郑渊洁的作品了。学生从爱买小玩意儿到爱买书，从买课外书只限于作文选到买大部头的文学名著，没有人能体会孙老师从中感受到的快乐。

当时区里每年举行一次作文竞赛。于是，他们也参加竞赛。从同年级其他三个班挑选 10 个人，加上他们班的 78 个人，由孙老师对他们进行赛前作文训练，最后参赛时，从 88 个人中选出 10 个。连续两年，他们在竞赛中取得了骄人的成绩：一等奖 9 个，他们全部包揽，二等奖第一名也被他们拿下。

小学毕业时，孙老师的班里有三分之二学生都曾在不同的刊物上发表过作品。他们班有近一半学生考入潍坊二中（当时潍坊二中面向全市招生，在全市录取成绩最高），比当年全校考进去的总人数的一半还要多。

// 聚焦辩论，复调初成

以上工作都是孙老师凭着兴趣和直觉做的，她从没有想过要写点儿什么。后来在业务校长的建议和督促下，她对自己的作文教学进行了简单的归纳。她认为，作文教学的核心不是教师的指导，不是教师的批改，也不是教师批改后的学生修改，而是集体讲评。因为集体讲评使每个学生的作文都有机会当众亮相，使每个学生都有机会评价别人的作文，从而激起学生对作文的兴趣、对文字的感悟。讲评作文既是上次作文的终点，又是下次作文的起点。

孙老师的作文训练方法，简而言之，就是在作文的初级阶段，重点是让学生仿写，此时，范文的选择很重要；在作文的中高级阶段，重点是集体讲评，此时，学生语言的个性很重要，思维的发散性也很重要。

有大量阅读才有深厚积累，有厚积才有薄发，才有集体讲评时的畅所欲言。在学生畅所欲言时孙老师又引发他们辩论，让他们在辩论中形成和张扬自己的语言个性，进而将之内化到书面表达中。在这个过程中，每一个学生的每一次发言、每一次书写都是独一无二的，它们互相碰撞和激发，生成朵朵千姿百态的思维火花，由此有了孙老师对“复调语文”的初步感悟。

“复调”这个词来自巴赫金的“复调理论”。巴赫金在对陀思妥耶夫斯基小说进行研究时，发现其小说中“有着众多的各自独立而互不相融合的声音和意识，每一种声音都具有充分的价值，它们组成了真正的复调”，因而称其小说为“复调小说”。他认为，复调小说里不存在至高无上的统一的作者意识，不是按照统一意识展开情节的，人物的命运、形象、性格各不相同，展现了具有各自独特价值的不同意识世界。

孙老师的课堂上，也没有至高无上的统一意识，不是一个东风压倒西风或者西风压倒东风的世界，而是一个东西南北风并存的世界。

复调咏叹

2005 年，孙老师在曲阜师范大学脱产攻读教育硕士，她疯狂地迷上了西方哲学和文艺理论，夜夜读书到凌晨一点以后。她之前的作文教学竟然歪打正着地走了一条严格意义上的审美路子。她结合前十年的作文教学写成了硕士论文《在审美中自由表达》。

// 反思作文教学，复调显现

孙老师认识到，写作作为一种审美活动，充满着个体对世界、对自身的体验和反思，因而具有精神反映、精神观照的性质。如果不能摆脱这样那样的功利态度而获得精神上的自由，真正的写作活动就很难进行。结合教学实践，她认为这里的“自由”有两层含义：“写什么”的自由和“怎么写”的自由。“写什么”的自由，是指学生在写作时能够“一吐为快”，侧重“一吐”，说自己的真话，吐自己的真情，不说假话、空话、套话。“怎么写”的自由，是指因为能够“一吐”而获得的“快”，即精神上的轻松与愉悦。而追求语言个性化的做法使学生获得的是“怎么写”的自由，追求内容个性化的做法则促进学生获得“写什么”的自由。

// 实施经典诵读，复调咏叹

2006年，孙老师当时所在的幸福街小学实施经典诵读工程，她带领学生在《道德经》的智慧和《诗经》的唯美中徜徉。诵读经典、浸润书香，能使学生在积累语言、陶冶情操的同时，传承祖国的传统文化。然而，经典的艰涩难懂常常使学生感到乏味。怎样才能使经典诵读有趣、有效呢？

孙老师开始引入巴赫金的复调理论，开发出“国学经典诵读复调咏叹模式”，旨在使学生兴趣盎然地品读经典、赏析经典，从而引领学生的精神成长。

“国学经典诵读复调咏叹模式”具体分为三步。

（1）涵泳美读——音韵的复调

孙老师借鉴熊春锦先生的诵经五字心诀——恭、熟、忘、合、灵，重点运用前三个心诀，让学生熟读成诵，但讲究诵读过程中的享受与美感。

恭，是指要有一份恭敬心。孙老师让学生知道对待经典要毕恭毕敬，并对他们在课堂上的坐立、读书姿势给予指导和训练，使他们在诵读经典的课堂上呈现出恭敬、肃然的精神面貌。

熟，是指采用不同的方式使学生对经典的诵读达到滚瓜烂熟的程度。孙老师运用慢诵、快诵、吟诵、吟唱等不同方式增加诵读的趣味性，调动学生诵读的积极性。每种诵读方式又包含几种不同的做法，比如吟唱可以采用一唱三叹、你唱他叹等做法。而且不同的诵读方式可以交叉使用。

忘，是指“忘声”，“忘掉自己的私心杂念”，想象音韵经过身体，按摩五脏六腑。在这一环节里，孙老师开发出了“摇头晃脑”“丹田呼吸”背诵法，使学生在兴致盎然的活动中，进行经典诵读。

(2) 理解感悟——思想的复调

首先，孙老师让学生结合历史故事或典故、古诗词写出自己对文言经典某一章或者某一句的理解。学生的赏析大致有两种形式：第一种，以史解文，使用历史故事或典故赏析经典。第二种，以经解文，引入古诗词或学过的经典，与正在学的经典进行比较。

其次，掌握学生的赏析情况。为了及时掌握学生的理解和学习情况，以便在下一步教学中进行有效的反馈、矫正，孙老师必须对学生的赏析文字进行批阅。

再次，扩大学生赏析的读者群。老师是学生赏析的第一个读者，然后让学生在四人小组内交流自己的赏析，有特点或者有争议的可以在全班交流。这样，学生的每一篇赏析至少有本组的四个同学加上老师五个读者，相当一部分学生有机会拥有全班 70 多个读者。

(3) 说评辩疑——声音的复调

学生的赏析，先在小组内交流，然后每个小组归纳出本组的主要观点，确定本组的主要发言人及发言形式（有朗诵、解释、评论、质疑、辩论等），然后再在班里交流，学生之间、小组之间可以展开质疑辩论。

为了激发学生质疑辩论的兴趣，孙老师出台了相应的评价、激励措施。比如，如果学生能就前面发言同学的观点，提出相反意见或者质疑，得到的分数就是一般发言同学的两倍。这样赏析某一章或某句话时，学生很容易就会产生不同的看法，辩题常常会自动生成。

刚开始有点儿难度，学生常常辩不到点上。为了做示范，孙老师常常设计辩题，比如，在“美丽的哀愁——‘读诗经’之庄姜”一课的教学中，她提出了这样的辩题：关于美人，有两个词语历来深入人心：红颜祸水、红颜薄命。有人说庄姜是可敬的，因为她是红颜，却不是祸水；有人说庄姜是可怜的，因为她是红颜，正应了那个成语——红颜薄命。你认为呢？下面思考一下，可以讨论，然后准备辩论。

下面两个片段是学生在课堂上的即兴写作。

悲情淑女——庄姜

子童

庄姜出生在那个遥远的时代，这首先就是她的不幸。

据史书记载，庄姜嫁给卫庄公后，没有生过一男半女。这在当时那个女子本身就被压迫的社会，无疑是雪上加霜、罪不可恕。“不孝有三，无后为大”的社会现状，注定了风风光光出嫁的庄姜，要清灯孤影度余生。庄姜虽然没有孩子，备受丈夫的冷落，但她对丈夫的其他妻子生的孩子却很好，尽心尽力地教育他们，并对他们疼爱有加。

庄姜一生写了很多诗，最有名的有《日月》《终风》等，从这些诗中你会读到一种伤感。就是这么一位才貌双全、品德高尚的女子，本应得到丈夫的宠爱、家人的关怀、社会的尊重，却由于没有孩子而成了时代的牺牲品。

可敬的庄姜

思文

庄姜是美女，是女诗人。上天给了她倾城的容貌、过人的才学、高贵的出身，却没有给她一份美满的婚姻。

庄姜是可敬的，还是可怜的？我比较支持第一种。第一，庄姜有才学，她跟李清照一样，在那个重男轻女的时代，用过人的才华证明了自己，照亮了后人；第二，庄姜有道德，她不因为自己的不幸而嫉妒别人，反而在别人陷入不幸的沼泽时伸出了手，把别人拉了上来；第三，庄姜是红颜但不是祸水，商朝的妲己、周朝的褒姒，这些被世人唾骂的美女与庄姜比起来是那么肮脏而渺小，她们也突显出了庄姜的伟大与璀璨。

复调吟哦

如何让复调成为语文教学的特色？如何使国学成为语文教学的底蕴？如何在语文教学中使复调这星星之火呈燎原之势？孙老师开始更深入地走近巴赫金。

// 复调的内涵

简单地说，复调就是对话。但此对话并非 2011 年版《语文课程标准》中提到的“教师、学生、文本及教材编者之间的平等对话”。

《巴赫金全集》中有这样一段话：“《白痴》中的菲利波夫娜，她一方面认为自己是堕落的女人，她与处处为她开脱的梅思金争论，极力谴责自己有罪；另一方面又憎恨同意她的自她谴责的人们，这样她谴责自己的声音和别人为她开脱的声音在她憎恨同意她自她谴责的声音里形成了交锋。”交锋，才是复调的内核。如果没有思想上的交锋，就不会有复调产生。

所以，相对于新课标中的对话，复调对话更具体、更深入。课标中的对话，只要有话题就可以了，掌控不好，会使对话流于形式，形成表面上的热闹。复调对话则不然，它必须有能够挑起理解冲突和思想交锋的话题，这个交锋可以保证对话的深刻性与思想性。

// 复调的表征

复调语文的具体表征是什么呢?

（1）情境营造

刘勰在《文心雕龙》里说：“夫缀文者情动而辞发，观文者披文以入情，沿波讨源，虽幽必显。”这说明了情境的重要性。巴赫金认为，对话离不开语言、身体和他人，这些都是情境营造的基本元素。进入情境的辅助手段有音乐、插图、故事等。

（2）话语交锋

这是因为文本理解不同而产生的交锋。几乎任何一篇文本都是多元的，所以不用担心找不到文本的冲突，引不起理解的交锋。异口同声的课堂，不是复调课堂。

比如，学习人教版五年级上册《地震中的父与子》时，师生体会了父爱的伟大。孙老师说这不是复调，因为学生在话语上没有交锋。应该怎样预设交锋点？孙老师认为可以这样思考：就这一位父亲爱自己的儿子吗？其他 13 位父亲就不爱自己的孩子吗？仅仅是因为爱，这位父亲就救出了自己的儿子吗？不是。因为阿曼达父子间有一个约定，就是父亲说过的“不论发生什么，我总会跟你在一起”。父子同时坚守这个约定，成就了这个因爱而产生的奇迹。

所以，孙老师认为，根据当时的课堂教学情况，交锋点可以设为：了不起的仅仅是父爱的伟大和儿子的谦让吗？相信这个问题必定会点燃孩子们思维的火花。

孙老师执教的《卖火柴的小女孩》在2012年华东六省一市小学语文教学观摩研讨活动中获得一等奖。这堂课设计了两个交锋点。第一，体会想象的效果：针对小女孩第一次擦燃火柴时的描述，创设情境，想象把文中小女孩划燃火柴后看到的幻象描写去掉是否可以、为什么。第二，小女孩凄惨地离开了这个世界，可文中最后一段却说：“谁也不知道她曾经看到过多么美丽的东西，她曾经多么幸福，跟着她奶奶一起走向新年的幸福中去。”为什么呢？让学生在话语交锋中体会安徒生的童话给人的安慰的力量。

（3）课程建设

复调语文教的是课程，而不是课文。孙老师大胆引进课程资源，进行课程建设，打造出有个性色彩的课程。

《鞋匠的儿子》这篇课文写了两件事，详写的是林肯当选美国总统后在参议院进行首次演讲，使所有嘲笑声都化成了赞叹的掌声；略写的是林肯就任总统后不久南方发动分裂战争，林肯号召人民结束分裂，维护国家统一。看起来这两件事的联系似乎不紧密，但正是因为这位总统充满爱心，提倡平等，具有伟大的人格魅力，他才会领导人民反对分裂，维护国家的统一。这是教师参考用书上的观点。

而孙老师初读这篇课文时的一个强烈感受，就是记叙第一件事的文字有呼吸、有温度，而记叙第二件事的文字是死的，是一些生硬的符号，这不可能是一篇完整的文章。于是她上网查找资料，发现这篇文章作者是林清玄，原名为“鞋匠与总统”，原文的结尾是这样的：“批评、讪笑、毁谤的石头，有时正是通向自信、潇洒、自由的台阶。那些没有被嘲笑与批评的黑暗所包围过的人，就永远无法在心里点起一盏长明之灯。”这样的结尾隽永、清新，而改编后的结尾强调林肯统一国家的业绩，文字苍白无力，给人以牵强附会之感。

了解了这篇文章的前世今生，无疑为孙老师上这堂课打开了一条思路。教学时，她首先抓住林肯的语言让学生体会林肯的人格魅力，然后引导学生想象：假如林肯在被人当众羞辱的情况下，拍案而起或者愤而离去，会是什么结果？这是交锋点之一。之二，引入课外资源，将两个结尾同时出示给学生，问学生喜欢哪一种结尾并说出理由。通过交锋，课堂高潮迭起，林肯有血有肉了，在学生心目中鲜活起来了。

当然，复调语文的三个具体表征互相依存，话语交锋，如果能在一定情境中佐以恰当的课程资源，更会锋芒毕露。

// 复调的实施：立足于课程建构

复调语文不仅适用于作文教学、经典诵读和阅读教学，还适用于课程构建。

首先，构建起“教科书 —— 拓展阅读书目 —— 经典诵读篇章”三级班本课程体系。有深度、有内涵的对话来源于大量有深度、有内涵的阅读，思想的积累、精神的奠基是复调对话的前提。①教科书：运用语文主题学习的方式，整合教材，用一篇带多篇的学习方法，用三分之一学期学完教材。②拓展阅读书目：根据教材内容补充拓展阅读书目，用三分之一学期大量阅读拓展书目中的图书。③经典诵读篇章：用三分之一学期诵读新课标推荐的诗词，诵读与年级段相应的国学经典，比如五年级诵读《道德经》、六年级诵读《诗经》。

其次，制定出与三级班本课程分别对应的主打对话策略。①教科书：辨词析句，精读文本，探究细节。把教材当例子，对精挑出来的教材文本，更要以一当十，让学生通过不同形式的读，充分感知文本，抓住重点辨词析句，在复调对话中，展开思想的交锋，从字里行间领略文章的神采，获得思想启迪和审美乐趣，在潜移默化中接受语言的熏陶、学习语言的运用。此时的对话，是学生、老师、教科书编者、文本之间的复调对话。②拓展阅读书目：把握脉络，整体思考，点评主干。拓展阅读的目的在于开阔学生的视野，丰富学生的精神世界，培养学生的阅读兴趣。因此，对拓展图书只撷取英华，引领学生在把握主体脉络的基础上，对整体或者对自己感兴趣的部分进行点评。③经典诵读篇章：运用“国学经典诵读复调咏叹模式”吸取经典的精髓，解读经典的精华，感悟经典的精神。

复调悠悠

圣埃克絮佩里在《小王子》中说：“使沙漠如此美丽的，是它在某处藏着的一眼泉水。”可以套用这句话：使复调语文如此美丽的，是它在某处藏着的一脉灵动的泉。这脉泉不是人造出来的，而是本来就存在的。

复调语文正走在寻找这脉泉的路上。

如果生命是一场修行，那么，因语文而成长，随复调而成长，全心全意构建复调课程，尽心尽力做好复调教育，这是孙云霄老师可以选择的最美好的修行方式。

图书在版编目（CIP）数据

教语文：12位小学名师的成长故事／薛炳群著. —北京：中国人民大学出版社，2017.12
ISBN 978－7－300－25158－5

Ⅰ.①教… Ⅱ.①薛… Ⅲ.①小学语文课—教学研究 Ⅳ.①G623.202

中国版本图书馆CIP数据核字（2017）第287824号

教语文：12位小学名师的成长故事
薛炳群　著
Jiao Yuwen: 12 Wei Xiaoxue Mingshi de Chengzhang Gushi

出版发行	中国人民大学出版社		
社　址	北京中关村大街31号	邮政编码	100080
电　话	010－62511242（总编室）		010－62511770（质管部）
	010－82501766（邮购部）		010－62514148（门市部）
	010－62515195（发行公司）		010－62515275（盗版举报）
网　址	http://www.crup.com.cn		
	http://www.ttrnet.com（人大教研网）		
经　销	新华书店		
印　刷	北京东君印刷有限公司		
开　本	168 mm × 239 mm　16开本	版　次	2017年12月第1版
印　张	13.5　插页1	印　次	2017年12月第1次印刷
字　数	170 000	定　价	45.00元

版权所有　侵权必究　印装差错　负责调换